Dieses Buch gehört

Doris Jannausch

Meine liebsten Wichtelgeschichten

Mit Illustrationen von Christian Kämpf

gondolino

© für diese Ausgabe: **gondolino** in der
Gondrom Verlag GmbH, Bindlach 2003
Reihenlogo: Klaus Kögler
Umschlagillustration: Michael Schober
ISBN 3-8112-2155-8

Der Umwelt zuliebe gedruckt auf
chlorfrei gebleichtem Papier

Inhalt

Inhalt

Im Tal der Tulpen wohnen:

Die Wichtel
König Tulipan
Prinzessin Farella
Larifari, Zauberer
Busch-Oma Babette Zwirnberg
Dr. Pimpernell, Arzt

Meck de Bess, Lordwichtel
Baldrian, jung und frech
Habakuk, sein Freund
Don Kilotte, Spanier
Hatschi, Heuschnupfenwichtel
Kümmelkorn, Saufwichtel
Wackelbauch, Saufwichtel
Schnauz, Stadtrat
Schnack, Stadtrat
Schnüffel, Bürgermeister
Ampfi Trion, Tennis-Champion
Benediktus Strata, reicher Wichtel
Lissi Strata, Verlobte von Ampfi Trion
Pippa, Wichtelmädchen
Hannele, Wichtelmädchen
Letsgo, Amerikaner, tanzt gern

Die Elfen
Dornenblüte
Sonnenfalter
Wolkenweiß

Die Feen
Miranda
Klarine
Rubina

Trullipuck, ein Waldschrat

Doktor Pimpernell

Hoher Besuch

Wenn ihr am Supermarkt rechts um die Ecke biegt und über tausenddreihundert Länder fliegt, dann kommt ihr zum Tal der Tulpen. Dort wohnen die Wichtel. Sie haben einen König, der heißt Tulipan. Einen Arzt haben sie auch. Das ist der Doktor Pimpernell.

Heute ist das Wartezimmer von Doktor Pimpernell knüppeldickevoll. Denn auch die Wichtel sind nicht immer gesund.

„Auweh, auweh", jammert die Busch-Oma. „Mich juckt das linke Bein. Immer wenn mich das linke Bein juckt, passiert was."

„Nur ruhig, Oma, ruhig", tröstet Doktor Pimpernell. Er hat einen weißen Bart und ist, wie alle Wichtel, nicht größer als eine Bierflasche. „Wir klopfen erst mal mit dem Hämmerchen auf dein Knie."

„Das habe ich aber gar nicht gern", seufzt die Busch-Oma und stöhnt. Sie ist die älteste Wichtelfrau im Tal der Tulpen. Jeder hat Respekt vor ihr. Viel mehr als vor König Tulipan, der bloß die goldene Krone auf seinem Wichtelkopf trägt und den ganzen Tag Pingpong spielt. „In meinem Knie tut es ja nicht weh", sagt die Busch-Oma.

Doch Doktor Pimpernell hat schon sein silbernes Hämmerchen in der Hand und klopft auf Omas Knie. Ihr Bein hüpft und hüpft.

„Daran liegt es nicht", stellt Doktor Pimpernell fest. „Zeig mal die Zunge und mach ‚aaaaa'."

Die Oma zeigt die Zunge und macht „aaaaa".

„Alles in Ordnung", meint der Doktor. „Vielleicht ist es Rheuma."

„Es ist, dass was passiert", beharrt die Busch-Oma.

„Was soll denn passieren?", fragt Doktor Pimpernell.

„Vielleicht kriegen wir Besuch und ich habe nur Tulpenzwiebeln im Haus."

Immer wenn Besuch ins Wichtelland kommt, wird er in das kleine Haus der Busch-Oma geführt. Sie empfängt ihn dann im Namen aller Wichtel und bewirtet den Besuch. Doch diesmal weiß keiner etwas von einem Besuch. Nicht mal Doktor Pimpernell.

„Du bist gesund, Oma", sagt der Doktor. „Ich schreibe dir Kamillenblütentee auf. Den trinkst du. Mit dem Rest machst du Umschläge genau dort, wo es wehtut."

Die Busch-Oma nimmt das Rezept und will den Untersuchungsraum verlassen.

Plötzlich fliegt die Tür auf und jemand rennt mit dem Kopf gegen sie.

„Hatschi!", niest ihr ein Wichtel ins Gesicht. „Hatschi, hatschi."

„Du hast mir gerade noch gefehlt", stöhnt die Oma. Sie schiebt den kleinen Mann weit von sich. „Steck mich bloß nicht an mit deinem dummen Heuschnupfen", sagt sie.

„Hatschi", antwortet der Wichtel, der immer Heuschnupfen hat, auch im Winter, wenn Schnee liegt. „Hilfe, Doktor Pimpernell, verschreiben Sie mir schnell Nasentropfen aus Pfefferminzkraut."

Weil er immer den Schnupfen hat und niesen muss, nennen ihn alle nur „Hatschi, den Heuschnupfenwichtel". Keiner weiß, wie er wirklich heißt.

Kopfschüttelnd verlässt die Oma das Zimmer.

„Diese jungen Wichtel von heute", sagt sie zu den wartenden Patienten, „die sind schrecklich empfindlich. Wenn ich da an meine Jugend denke …"

Dass die Busch-Oma jung war, ist aber schon lange her. Genau gesagt: fünfhundertdreißig Jahre. Jetzt geht sie ins fünfhunderteinunddreißigste.

Ein ganz schönes Alter, nicht?

Als sie nach Hause kommt, steht jemand vor der Tür. Es ist der kleine Baldrian, ihr Urururenkel.

„Hallo, Oma!", ruft er. „Es wartet jemand auf dich."

Eine Kutsche steht vor dem Haus, sie wird von vier Laubfröschen gezogen. Ein vornehm gekleideter Wichtel steigt aus und grüßt mit höflicher Zurückhaltung.

„Mein Name ist Lord Meck de Bess", sagt der feine, kleine Herr. „Ich komme von der englischen Wichtelkönigin, die schon viel von Ihnen gehört hat."

„Sehr erfreut", nickt die Busch-Oma und kratzt sich am Bein. „Ich hab's ja gewusst, dass noch was passiert! Womit kann ich dienen?"

Lord Meck de Bess holt ein Schreiben aus der Tasche. Er rollt es feierlich auf,

obwohl es nicht größer als eine Zündholzschachtel
ist.

„Ein Schreiben unserer Königin", erklärt er und
liest vor:

„Hiermit ernenne ich die älteste Wichtelfrau, Babette Zwirnberg, zur Baronin, was sie befugt in Hof-
kreisen zu verkehren."

„Na und?", fragt die Busch-Oma. „Ich kehre meinen Hof alle Tage."

„Aber nein!", ruft Baldrian. „Du bist jetzt Baronin von Zwirnberg und darfst im Schloss von König Tulipan ein und aus gehen."

Die Oma zuckt die Achseln. „Das tu ich doch sowieso", antwortet sie. „Nähe ich nicht die Kleider für den König und die Prinzessin?"

„Aber jetzt nähst du nicht mehr als Busch-Oma, sondern als Baronin Babette von Zwirnberg", sagt Baldrian.

Es dauert nicht lange, da strömen die Wichtel von überall herbei um die Oma zu feiern und den vornehmen Besuch zu begrüßen.

Die Oma muss Tulpenzwiebelkuchen backen, so viel sie nur kann. Bald riecht das ganze Tal nach Zwiebeln.

„Es sind die Zwiebeln einer echten Baronin", strahlt Baldrian. „Und sie ist meine Urururoma. Ätsch!"

„Gib nicht so an", sagt Hatschi, dem die Nasentropfen leider nicht geholfen haben. „Du bist und
bleibst trotzdem nur ein kleiner Wichtel. Hatschi!"

„Hatschi", niest der edle Lord Meck de Bess und
schnaubt seine vornehme Nase. Nun hat auch er den
Heuschnupfen bekommen.

Die Oma steckt ihn ins Bett und muss in der Küche schlafen.

Adel schützt vor Schnupfen nicht.

Hatschi!

Spinnefeind und Käferfreund

Der beste Freund von Baldrian ist Habakuk. Die zwei jungen Wichtel sind bekannt wie bunte Hunde.

„Treibt es nicht zu toll", warnt Vater Baldrian. „Damit uns keine Klagen kommen."

Doch Klagen über Baldrian und Habakuk kommen von allen Seiten.

Einmal haben sie dem Wichtelmädchen Pippa einen Bart angeklebt, als sie auf der Wiese im Sonnenschein eingeschlafen war. Als Pippa aufwachte und sich im See spiegelte, ist sie vor Schreck fast hineingefallen. „Ich bin ein Wichtelmann", hat sie gerufen, „mir ist im Schlaf ein Bart gewachsen!"

Das war eine Aufregung. Pippa konnte sich davon tagelang nicht erholen.

Ein andermal hatten sie dem Bürgermeister Schnüffel während einer Rathaussitzung die Jackenärmel zugenäht. Als er den Saal verlassen wollte, mussten alle lachen, weil Bürgermeister Schnüffel mit seiner Jacke wie verrückt herumhampelte und keiner wusste, warum.

„Wer war das?", hat der Bürgermeister gerufen und fast geheult vor Wut.

Unter dem Schreibtisch aber hockten Baldrian und Habakuk und hielten sich den Bauch. Keiner konnte sie sehen, so gut hatten sie sich versteckt.

„Was machen wir heute?", fragt Habakuk.

Es ist ein warmer, sonniger Tag. Die Bienen sammeln fleißig Honig. Die Libellen schießen über den See und lassen ihre zarten Flügel schimmern. Na, und die Ameisen! Die schleppen schwere Brocken für ihren Haufen und haben es wie immer eilig.

„Wir ärgern die Spinne Dulcinea", schlägt Baldrian vor. „Die sitzt an der Klostermauer und hat ein großes Netz gesponnen, in dem sie fette Fliegen fangen will."

Früher stand nämlich im Tal der Tulpen ein uraltes Kloster. Dort haben Mönche gewohnt, jawohl, keine Wichtel, sondern richtige Menschen. Doch dann ist das Kloster immer mehr verfallen, die Mönche froren im Winter und verließen das Tal. Seitdem hat es kein menschlicher Fuß mehr betreten und die Wichtel konnten sich sicher fühlen.

Habakuk findet die Idee mit der Spinne Dulcinea ganz prima. Die ist schrecklich eingebildet und redet nicht mit jedem, deshalb können die Wichtel sie nicht leiden.

Auf Zehenspitzen schleichen sich Baldrian und Habakuk an die Klostermauer.

„Da ist sie", flüstert Habakuk.

Die Spinne Dulcinea sitzt mitten im Netz und wartet bewegungslos.

„Ist jemand da?", fragt sie, denn sie ist ein wenig kurzsichtig.

„Nein, niemand", antworten Baldrian und Habakuk wie aus einem Munde.

„Dann ist es ja gut", seufzt Dulcinea erleichtert.

Ein Käfer kommt angeschwirrt, umkreist das Netz und setzt sich darauf. Im Nu hängt er fest.

„Wunderbar", freut sich Dulcinea, „da habe ich ja mein Frühstück."

Sie schickt sich an den Käfer zu verspeisen.

Der wedelt aufgeregt mit den Flügeln und versucht vergeblich freizukommen.

„Warte, wir helfen dir."

Baldrian hockt mit seinem Freund unter dem Netz. Er streckt den Arm aus und angelt – schwuppdiwupp – den Käfer heraus.

Der freut sich, surrt ein Dankeschön und schwirrt davon.

„Wer war das?", schreit die Spinne Dulcinea. „Wer hat mein wunderschönes Netz kaputtgemacht? Fünf Tage habe ich daran gewebt und gesponnen, es ist ein Kunstwerk und jetzt hat mir ein Lauselümmel alles zerstört."

„Der Lauselümmel war ich", kichert Baldrian, zupft einen Stachel vom Stängel des Rosenstrauchs und piekst die dicke Spinne in den Bauch.

„Das kann doch nur der freche Baldrian sein", ruft sie aufgebracht.

„Und der Habakuk", mischt sich Habakuk ein und zwickt die Spinne ins rechte Vorderbein.

Nun ist es aus. Dulcinea rast vor Wut. Sie krabbelt die Klostermauer hinauf bis zur Dachrinne, die halb herunterhängt. Viele Tannenzapfen liegen darin. Von allen Seiten kommen nun Spinnen angekrochen, alles Verwandte und Bekannte von Dulcinea, Hunderte, Tausende. Als sie erfahren, was vorgefallen ist, tun sie sich zusammen, schieben einen Tannenzapfen ganz weit vor. Drohend ragt er über die Dachrinne.

Baldrian ruft:

> „Dulcinea, altes Haus,
> mit dem Spinnen ist es aus!"

Der Tannenzapfen kommt ins Rutschen, doch das sehen die Wichtel nicht. Die Sonne blendet sie.

Auf einmal fällt der Tannenzapfen herab und landet – plumps! – auf Baldrians Kopf.

„Aua!", schreit er und sinkt ins Gras.

Ein zweiter Tannenzapfen folgt – peng! – auf Habakuks Kopf.

Auch Habakuk fällt um.

Da liegen die zwei Lausbubenwichtel und machen dumme Gesichter.

„Das kommt davon", höhnt die Spinne Dulcinea. „Auch wenn ihr stärker seid als wir, brauchen wir uns noch lange nicht von euch ärgern zu lassen."

„Ihr seid gemein", jammert Baldrian. „Wir haben es doch nicht böse gemeint."

„Das kann man hinterher immer sagen", antwortet Dulcinea und beginnt ein neues Netz zu spinnen, noch viel prächtiger als das erste.

Baldrian und Habakuk erheben sich ächzend und traben heimwärts.

Plötzlich summt es über ihnen. Jemand lispelt:

„Ihr habt mir das Leben gerettet. Das werde ich euch nie vergessen." Es ist der kleine Käfer, der sich im Spinnennetz verfangen hatte.

„Darf ich euer Freund sein?", fragt er.

„Gern", erwidert Baldrian.

Habakuk meint: „Jetzt haben wir eine Spinne zum Feind und einen Käfer zum Freund."

„So ist das Leben", sagt Baldrian und macht einen Purzelbaum.

Lord Meck de Bess

Seit Stunden spielt König Tulipan mit dem Haushofmeister Pingpong. Gleich nach dem Frühstück hat er angefangen.

Prinzessin Farella sitzt auf einem Fliegenpilz und baumelt mit den Beinen.

„Es ist langweilig eine Wichtelprinzessin zu sein", seufzt sie. „Am liebsten wäre ich Postministerin."

„Hahaha", lacht der König. „Wie stellst du dir denn das vor?"

„Ich könnte Briefmarken malen", sagt die Prinzessin. „Jeder Brief braucht eine Briefmarke, wenn er mit der Post geschickt wird. Wir haben seit kurzer Zeit eine Wald- und Wiesenpost, aber keine Briefmarken. Ich werde sie malen. Hunderttausend Briefmarken, mit deinem Kopf darauf."

„Allmächtiger", stöhnt der Haushofmeister und wendet sich schaudernd ab.

Der König betrachtet die Prinzessin kopfschüttelnd.

„Du willst hunderttausend Briefmarken malen?", fragt er. „Da kannst du sitzen, bis du uralt bist. Glaub

mir, Kind, heiraten ist besser. Da hätte mir deine Mutter sicher zugestimmt, wenn sie noch lebte."

Ob ihr es glaubt oder nicht: Es kommt vor, dass Wichtel sterben müssen. Wie die Königin. Die hatte eine Hühneraugengrippe und ganz hohes Fieber. Kein Arzt konnte ihr helfen. Sie starb, obwohl sie noch nicht mal dreiundneunzig Jahre alt war.

Der König geht zur Prinzessin, setzt sich neben sie und baumelt ebenfalls mit den Beinen. „Der vornehme Lord Meck de Bess wird uns gleich seine Aufwartung machen", sagt der König. „Er will um deine Hand anhalten."

Die Prinzessin kräuselt ihre hübsche Nase und fragt schnippisch: „Ist das der mit dem Heuschnupfen?"

„Derselbe. Die Baronin von Zwirnberg hat ihn gesund gepflegt."

„Du meinst wohl die Busch-Oma." Nun muss die Prinzessin lachen. „Die und eine Baronin!"

„Sei nicht so hochmütig", rügt der König. „Jedenfalls wirst du den edlen Lord heiraten."

„Warten wir's ab", meint die Prinzessin, springt vom Fliegenpilz und läuft zum Tulpenfeld.

Rote, gelbe und weiße Tulpen blühen dort das ganze Jahr über. Auch im Winter welken sie nicht. Zwischen den Tulpen leben die Elfen. Eine von ihnen ist Wolkenweiß.

„He, Wolkenweiß!", ruft die Prinzessin.

Schon schwebt eine kleine Elfe heran. Sie trägt ein zartes Gewand und hat langes, blondes Haar. Beides flattert im Wind. Auf einer Tulpenblüte lässt Wolkenweiß sich nieder.

„Was gibt's?", fragt sie.

„Ich soll den Lord Meck de Bess heiraten", erwidert die Prinzessin. „Aber ich denke nicht daran."

„Was ist das – ein Lord?", erkundigt sich Wolkenweiß.

„Das ist ein Adliger aus einem Land, das England heißt", erklärt Farella. „So etwas Ähnliches wie ein Fürst, weißt du. Aber ich will ihn nicht."

„Kennst du ihn denn?", fragt Wolkenweiß.

„Nein", antwortet die Prinzessin. „Ist mir auch egal. Ich will Postministerin werden und nicht Frau Meck de Bess. Hilfst du mir?"

„Wie denn?", fragt Wolkenweiß.

Sie beraten sich. Erst wissen sie nicht, was zu tun ist. Doch dann hat Wolkenweiß eine Idee.

„Ich werde mit meinen Schwestern einen Wundertrank brauen", sagt sie. „Den schicke ich dir ins Schloss. Du wirst ihn dem Herrn Lord überreichen."

Prinzessin Farella staunt sehr. „Und dann?"

„Du wirst schon sehen, was passiert", meint Wolkenweiß und schwebt davon.

Am Abend kommt Lord Meck de Bess ins Schloss. Er sieht so vornehm aus, dass allen fast das Herz stehen bleibt. Stolz schreitet der Lord einher. Seine Nase ist noch immer ein wenig rot. Das kommt vom Schnupfen. Doch niesen muss er nicht mehr.

Der König empfängt ihn mit allen Ehren. Er stellt ihm die Prinzessin vor.

„So eine schöne Wichteldame habe ich noch niemals gesehen", näselt der Lord mit seiner adeligen Stimme. „Wollen Sie meine Frau Gemahlin werden?"

Die Prinzessin lächelt und sagt: „Ja", was den König sehr überrascht.

Dann klatscht er dreimal in die Hände. Zwei Wichtel kommen herein. Sie haben feuerrote Nasen, doch daran ist nicht der Schnupfen schuld, sondern die viele Sauferei. Darum werden die zwei nur „Saufwichtel" genannt, obwohl sie ganz anders heißen. Nämlich Kümmelkorn und Wackelbauch.

Sie tragen ein kleines Fässchen und stellen es vor dem Lord ab.

„Ein Wundertrank, den die Elfen gebraut haben", sagt Wackelbauch zu dem Lord.

„Na, dann prost – hicks, hicks!" Er hat den Schluckauf. Kümmelkorn fügt schmatzend hinzu: „Eure feine Lordschaft müssen ein Schlückchen probieren. Hicks, hicks."

Auch er hat den Schluckauf. Sie verbeugen sich und gehen wieder.

„Lasst es Euch schmecken", sagt die Prinzessin und gießt dem Lord ein Glas aus dem Fässchen ein.

„Da kann ich wohl schlecht nein sagen", flötet Meck de Bess und trinkt. Alle sehen zu. Plötzlich verdreht er die Augen, läuft feuerrot an und brüllt:

„Geht alle zum Teufel, ihr Blödmänner!"

Womit er auch den König meint.

„Was glaubt ihr denn, wer ihr seid?",

schreit der ehemals so vornehme Lord und nimmt einen zweiten Schluck, worauf er noch wütender wird. Er schimpft wie ein Rohrspatz und flucht wie ein Droschkenkutscher.

Der König lässt ihn hinauswerfen.

Bevor sie zu Bett geht, läuft die Prinzessin noch einmal zum Tulpenfeld, wo Wolkenweiß auf sie wartet.

„Was für ein Trank war denn das?", erkundigt sich Farella.

Wolkenweiß lacht. „Ein Wahrheitstrank", antwortet sie. „Wer davon trinkt, wird so, wie er wirklich ist. Der feine Lord ist alles andere als fein. Er hat nur so getan."

„Da habe ich aber Glück gehabt", freut sich die Prinzessin. „Vielen Dank, Wolkenweiß. Vielleicht werde ich nun doch Postministerin."

„Walla-huff-haia", säuselt Wolkenweiß.

Das ist Elfensprache und heißt „Juhu".

Eins und eins ist...?

In der Wichtelschule ist eben Rechnen dran.

„Eins und eins ist ... ?", fragt Frau Kollermann, die Lehrerin.

Baldrian steht an der Tafel und soll die Aufgabe lösen.

Frau Kollermann ist eine geduldige Lehrerin. Aber dass einer nicht weiß, wie viel eins und eins ist, das regt sie auf.

„Baldrian", sagt Frau Kollermann, „sieh mal, es ist ganz leicht: Wenn du ein Stück Himbeerkuchen hast und deine Mutter gibt dir noch ein Stück – wie viel hast du dann?"

Baldrian schüttelt den Kopf. „Meine Mutter gibt mir immer nur ein Stück Kuchen", antwortet er. „Und ein Stück Kuchen ist ein Stück Kuchen."

„Na schön", seufzt Frau Kollermann. „Dann überlegen wir mal andersherum:

Du bekommst ein Stück Himbeerkuchen von deiner Mutter. Klar?"

Wieder schüttelt Baldrian den Kopf. „Nicht klar", sagt er.

„Meine Mutter backt niemals Himbeerkuchen. Höchstens Kirschtorte."

„Also gut." Frau Kollermann verdreht die Augen. „Deine Mutter gibt dir ein Stück Kirschtorte, ja?"

Baldrian nickt.

„Dann komme ich zu Besuch und bringe dir noch ein Stück Kirschtorte mit."

„Geht nicht", widerspricht Baldrian. „Sie kommen ja ganz selten zu Besuch. Und wenn, dann bringen Sie höchstens einen blauen Brief für meine Eltern. In dem steht, dass ich zu faul zum Lernen bin."

Die Wichtelkinder lachen und stupsen sich an. Habakuk hebt den Arm und will etwas sagen.

„Was ist denn, Habakuk?", fragt Frau Kollermann.

„Bei uns sind Sie schon lange nicht mehr gewesen", stellt Habakuk fest. „Das letzte Mal zu Ostern. Aber da haben Sie nichts mitgebracht."

„Darum geht es ja gar nicht."

Frau Kollermann klopft mit dem Lineal auf den Tisch. „Es geht darum, dass ich wissen möchte, wie viel eins und eins ist."

„Eins und eins ist eins", ruft Pippa. Sie ist sonst ein

recht gescheites Mädchen, doch mit dem Rechnen hat sie es nicht so.

Frau Kollermann rauft sich die Haare.

Sie sieht nun aus wie ein Kohlkopf mit Antennen, weil jedes Haar einzeln zu Berge steht.

„Pippa", sagt sie, „komm du bitte auch mal zur Tafel."

Pippa kommt.

„Was isst du denn gern?", will Frau Kollermann wissen.

Pippa denkt kurz nach und dann sagt sie: „Am liebsten esse ich gebackene Kartoffelstäbchen."

„Fein." Frau Kollermann bemüht sich um Geduld. „Nehmen wir an, du bist bei mir zum Mittagessen eingeladen. Ich lege dir ein gebackenes Kartoffelstäbchen auf den Teller. Was hast du dann?"

„Eins", erwidert Pippa.

„Sehr gut", lobt die Lehrerin. „Wenn ich dir nun noch ein gebackenes Kartoffelstäbchen auf den Teller lege – was dann?"

Pippa holt tief Luft. „Dann denke ich: ‚Frau Kollermann ist geizig. Von so wenig Kartoffelstäbchen kann man nicht satt werden'."

Die Lehrerin stöhnt. „Es ist schrecklich mit euch! Wie soll ich euch das Rechnen beibringen, wenn ihr so dumme Antworten gebt?"

Die Wichtelkinder zucken mit den Achseln.

Frau Kollermann hebt einen Finger. „Was habe ich hier?", fragt sie.

„Einen Finger." Baldrian grinst.

„Richtig." Frau Kollermann schöpft neue Hoffnung und sie hebt einen zweiten Finger. „Und hier – was habe ich jetzt?"

„Noch einen Finger", sagt Pippa.

„Wie viel insgesamt?" Die Lehrerin sieht Pippa und Baldrian durchdringend an. Die anderen Wichtelkinder tuscheln und wissen es längst. Aber sie sagen es nicht.

„Sie haben den Zeigefinger hochgehoben", antwortet Baldrian, „und den Mittelfinger."

„Wie viel sind das?", fragt Frau Kollermann ungeduldig.

„Einer und noch einer", sagt Pippa. Inzwischen weiß sie natürlich auch längst, dass eins und eins zwei ist, doch sie will es nicht sagen. Die Lehrerin ärgern macht viel mehr Spaß.

Auch Baldrian stellt sich weiter dumm.

Frau Kollermann fährt fast aus der Haut. „Wenn ich dir eine Ohrfeige gebe, Baldrian", sagt sie, „was hast du dann?"

„Wut", meint Baldrian. „Dann habe ich eine Stinkwut auf Sie. Wichtelkinder hauen ist verboten."

Frau Kollermann kann fast nicht mehr. „Stell dir vor, ich täte es trotzdem", sagt sie. „Also, ich gebe dir eine Ohrfeige. Danach gebe ich dir noch eine. Wie viele Ohrfeigen hast du dann gekriegt?"

„Eine", erwidert Baldrian und schneidet eine Grimasse. „Aber wieso denn?", ruft Frau Kollermann mit letzter Kraft.

„Weil ich schon nach der ersten Ohrfeige auf und davon bin", sagt Baldrian und grinst. Die Lehrerin sinkt erschöpft auf einen Stuhl. Sie hält sich den Kopf. „Ihr Kopf tut weh, was?", fragt Baldrian mitleidig und streichelt der Lehrerin übers Haar. „Seien Sie bloß froh, dass Sie nur den einen Kopf haben."

„Warum denn das?", erkundigt sich Frau Kollermann.

„Wenn Sie zwei Köpfe hätten, dann hätten Sie auch zweimal Kopfschmerzen", antwortet Baldrian. „Denn ein Kopf und noch ein Kopf sind zwei Köpfe." Er sieht sie staunend an. „Haben Sie das nicht gewusst?"

Doch die Lehrerin hört ihn nicht mehr. Sie ist in Ohnmacht gefallen.

Hunderttausend Briefmarken

Bürgermeister Schnüffel hat sich große Verdienste um das Wichtelland erworben. Er ist der Gründer der allerersten Wald- und Wiesenpost. Keiner lässt etwas auf Bürgermeister Schnüffel kommen.

Eine Sitzung ist angeordnet. Die Stadträte Schnack und Schnauz sitzen rechts und links vom Bürgermeister und machen würdevolle Gesichter.

Es geht um Briefmarken.

Im Wichtelland werden zwar Briefe verschickt, doch keiner kann dafür bezahlen.

Und warum nicht?

Weil es keine Briefmarken gibt. Was also sollen die Wichtel auf die Briefe kleben?

„Prinzessin Farella hat sich angeboten, Briefmarken zu malen", sagt Bürgermeister Schnüffel und blickt bedeutungsvoll in die Runde. „Nach eingehender Überlegung finde ich diese Idee nicht schlecht. Hören wir, was sie dazu zu sagen hat."

Prinzessin Farella wird aufgerufen. Sie sieht heute nicht wie eine Prinzessin aus, nein, sie hat ein dunkles Kostüm an und trägt das Haar hochgesteckt.

Der König ist ja erst mal gegen ihren Plan gewesen.

„Eine Prinzessin ist eine Prinzessin", hat er zu ihr gesagt.

Doch Farella meinte, es sei ziemlich blöd, nichts weiter als eine Prinzessin zu sein, und sie wolle etwas Nützliches tun, jawohl.

„Ich werde Briefmarken malen", erklärt sie vor Bürgermeister Schnüffel sowie den Stadträten Schnack und Schnauz. „Was ich dazu brauche, sind neunundneunzig Eimer Farbe und einige Hilfskräfte. Dann setzen wir uns in den blausilbernen Saal und malen

Briefmarken. Und mein Vater, der König, wird auf dem Thron thronen und ganz stillhalten, damit wir ihn abmalen können."

Der Bürgermeister bedankt sich bei der Prinzessin. Dann gibt er Anweisung, neunundneunzig Eimer Farbe zu besorgen, und wählt zehn begabte Wichtelmaler als Hilfstruppe aus.

„Ich tue es aber nur, wenn ich Postministerin werde", erklärt die Prinzessin rundheraus.

Da gibt es keinen Widerspruch. Also ist der Bürgermeister mit den Stadträten einverstanden. Sie ernennen Farella zur Postministerin.

Sofort zieht sie sich in den blausilbernen Saal im rechten Seitenflügel des Schlosses zurück, wo die neunundneunzig Eimer Farbe und die Wichtelmaler auf sie warten. Sie machen sich umgehend an die Arbeit.

Der König sitzt auf seinem goldenen Thron. Er hält in einer Hand den goldenen Apfel, in der anderen das goldene Zepter. Gehüllt ist er in einen Purpurmantel mit Hermelin. Das ist sehr heiß an diesem Sommertag. Doch ein König muss Opfer bringen.

Die Postministerin malt, die Hilfskräfte malen. Viele Stunden, Tage und Wochen. Sie schlafen kaum. Sie malen immer nur. Nach drei Wochen haben sie zwölf Briefmarken fertig. Das ist natürlich zu wenig für die vielen Briefe, die die Wichtel schreiben.

„So geht das nicht", sagt die Postministerin und legt seufzend den Pinsel auf den Tisch. „Außerdem sieht jede Briefmarke anders aus. Briefmarken aber müssen einander gleichen wie ein Ei dem anderen."

„Habe ich es nicht gesagt?", frohlockt der König. Er hat einen steifen Hals vom langen Sitzen und – aber darüber spricht man nicht – einen wund gesessenen Popo. „Da könnt ihr hundert Jahre malen, ehe ihr genügend Briefmarken zusammenhabt. Du hättest eben doch heiraten sollen, meine Tochter."

„Auch dann hätten wir nicht genügend Briefmarken", gibt die Prinzessin und jetzige Postministerin zurück. „Ich habe eine bessere Idee. Wie wäre es, wenn wir aus einer Kartoffel einen Stempel machten?"

Die anderen wollen wissen, wie das gehen soll.

„Ich zeige es euch."

49

Die Prinzessin lässt sich eine Kartoffel bringen. Sie schneidet sie in der Mitte durch und schnitzt den Kopf des Königs hinein. Kleine, gezackte Papierstücke liegen bereit. Der Stempel wird in Farbe getaucht und los geht's mit dem Drucken.

Bald haben sie hunderttausend Briefmarken fertig. Die werden feierlich dem Wald- und Wiesenpostamt übergeben. Wer einen Brief schickt, muss eine Marke kaufen. Sie kostet einen halben Wichteltaler. So kommt Geld in die Kasse.

„Unsere Postministerin lebe hoch, hoch, hoch!", rufen die Wichtel und tragen die Prinzessin auf den Schultern durch die Menge.

Der König steht auf dem Balkon seines Schlosses und seufzt. „Was sind das für Zeiten", murmelt er. „Früher haben die Wichtelfrauen den Männern gehorcht. Und heute... ?" Er breitet die Arme aus und wirft einen anklagenden Blick zum Himmel. „Heute werden sie Postministerin!"

Er versteht die Welt nicht mehr, der arme König Tulipan.

Dadeldudei

Wenn Vollmond ist, treffen sich Feen und Elfen im Tal der Tulpen um auf einer Waldlichtung zu tanzen. Dann stimmen die Grillen ihre Instrumente und spielen auf Dadeldudei, zirpelingeling. Das klingt wunderschön. Nur ist es so, dass die Wichtel in solchen Nächten nicht schlafen können, weil die Musik bis zum Morgen anhält. Das ärgert sie.

„Diese albernen Feen und Elfen", schimpft Vater Baldrian, „warum können die nicht am Tag tanzen oder wenigstens am Abend, wie das vernünftige Leute tun?"

„Feen und Elfen haben seit jeher nur in Vollmond-nächten getanzt", meint Mama Baldrian nachsichtig. „Das war schon so, als meine Urgroßmutter in den Kindergarten ging. Und so wird es auch bleiben."

An diesem Abend gehen die Eltern noch um die Ecke zu ihren Nachbarn um ein wenig beisammen zu sitzen und Honigwein zu trinken, wenn sie schon nicht schlafen können.

Der kleine Baldrian aber trifft sich heimlich mit Habakuk hinter dem großen Holzstoß, den die Wichtel für den Winter bereitgestellt haben.

Auch Letsgo ist dabei. Letsgo ist der Freund von Baldrian und Habakuk. Er ist ein wenig älter als sie. Vor kurzer Zeit, ich glaube, es ist nicht länger als fünfundsiebzig Jahre her, kam Letsgo aus Amerika in das Tal der Tulpen. Hier hat es ihm so gut gefal-len, dass er für immer dageblieben ist. Letsgo tanzt sehr gern und er tanzt sehr gut. Außerdem spielt er zwölf Musikinstrumente, auch Gitarre und Schlag-zeug. Sogar beides zur gleichen Zeit. Mit den Hän-den spielt er Gitarre, mit den Füßen bedient er das Schlagzeug.

„Weißt du was?", sagt Baldrian zu Letsgo. „Wir gehen zur Waldlichtung. Dort stellst du deine Instrumente auf und spielst drauflos. Wollen doch mal sehen, ob wir das blöde Grillengezirpe und die dämliche Hopserei nicht übertrumpfen können!"

„Gute Idee", lobt Habakuk.

„Machen wir sofort", stimmt Letsgo zu.

Zu dritt marschieren sie zur Waldlichtung. Sie tragen Letsgos Instrumente. Hu, sind die schwer! Vorsichtig schleichen sich die drei Wichtel heran. Dann stellen sie alles unter den tiefhängenden Zweigen eines Baumes auf.

Die Feen haben sich an den Händen gefasst und tanzen Ringelreihen: eins-zwei-drei und hopsasa. Es sieht ein bisschen komisch aus, doch haben sie wunderschöne Gewänder an, die im Mondlicht schimmern.

Miranda ist die schönste Fee von allen. Sie sieht so sanft und holdselig aus, dass jedem, der sie erblickt, der Atem wegbleibt.

Die Elfen schwirren und flattern durch die Luft wie kleine, bunte Falter. Auf einem Podium sitzen die Grillen und reiben ihre Flügel im Takt. Das gibt ganz, ganz zarte Töne, als spiele ein Künstler auf einer Harfe aus Glas. Vor dem Grillenorchester steht die Elfe Wolkenweiß und dirigiert mit einem goldenen Zweig.

Eins-zwei-drei und hopsasa, schwirrebirre-tschingtera!

„Ziemlich albern", brummt Letsgo und legt los.

Zuerst – rattatatam! – haut er auf das Schlagzeug ein.

Dann spielt er Gitarre, bläst Trompete, streicht die Geige. Es gibt einen mordsmäßigen Lärm.

Plötzlich unterbricht Letsgo und schubst seine Freunde zu den Instrumenten. „Spielt weiter", befiehlt er, denn er hat ihnen einiges beigebracht.

Baldrian und Habakuk toben sich aus. Sie geigen und trommeln und trompeten, alles auf einmal.

Letsgo aber macht einen Satz und springt zwischen die Feen. Die rufen „Huch!" und „Herrje!", stieben auseinander und sehen fassungslos zu, was Letsgo da treibt.

Er tanzt wie verrückt.

Die Grillen verstummen und verstecken sich im Gras.

Baldrian und Habakuk machen Musik. Das klingt, als ob Katzen miauen, Esel schreien und Hunde bellen. Das Schlagzeug knallt dazwischen, so laut, dass die bereits schlafenden Frösche am Teichufer aufwachen und vor Schreck zu quaken beginnen.

Nun geigt es und knallt und dröhnt und quakt, dass sich die Feen und Elfen entsetzt die zarten Ohren zuhalten.

„Aufhören", stöhnt die schöne Miranda. „Seid ihr nicht gescheit?"

„Aber ja!", brüllt Letsgo übermütig. Er legt einen Arm um Miranda und tanzt mit ihr einen rasanten Tanz, als wäre er nicht auf einer mondhellen Waldwiese, sondern in einer Disco.

„Warum stört ihr unseren Reigen?", fragt Wolken-weiß und setzt sich auf Letsgos Nase. Der muss nie-sen und kann nicht mehr tanzen. Auch die anderen Elfen stürzen sich auf ihn, zausen ihn an Haaren und Ohren, kitzeln und krabbeln ihn, bis er im Gras liegt und wie ein Maikäfer zappelt.

Baldrian und Habakuk hören auf zu spielen. Sie wollen Letsgo helfen. Doch nun fallen die Elfen auch über sie her. Das ist ein Schwirren und Brausen, ein Kribbeln und Krabbeln. Nicht zum Aushalten.

Eilig ergreifen die Wichtel die Flucht.

Die Feen werfen ihnen die Instrumente nach. Das gespannte Fell der Trommel ist geplatzt und die wunderschöne, sanfte Miranda stülpt sie Letsgo über den Kopf, sodass die Trommel wie eine riesige Hals-krause um seinen Nacken hängt.

Heulend stolpert er seinen Freunden hinterher.

Die Grillen nehmen wieder auf dem Podium Platz und fangen an zu spielen. Feen und Elfen tanzen im Mondschein.

Die Wichtel aber hinken nach Hause.

„Ich dachte immer, Feen und Elfen sind friedliche Leute", stöhnt Letsgo.

Habakuk winkt ab. „Sie verstehen eben keinen Spaß."

„Genau", stimmt Baldrian zu. „Die nehmen das Tanzen viel zu ernst."

Dadeldudei.

Die Geburtstagstorte

L issi Strata ist ein ganz besonderes Wichtelmädchen. Das erkennt ihr schon daran, dass sie einen Vor- und Nachnamen besitzt. Die meisten Wichtel haben nämlich nur einen einzigen Namen.

Lissi Strata ist die Tochter des reichen Geschäftswichtels Benediktus Strata. Ihm gehören die größten Lagerhäuser mit Blütensamen und Heilkräutern. Alles tiefgefroren, versteht sich.

Zu Lissis Geburtstag sind sämtliche Wichtel eingeladen, ob groß oder klein. Besser gesagt: ob Kinder oder Erwachsene. Denn klein sind sie ja wohl alle.

Auch Habakuk und Baldrian kommen zu Lissi Stratas Geburtstag. Sie wohnt mit ihrem Herrn Papa in einem großen Haus, das aus Moos und Holz gebaut ist. Na, und der Garten! Wie ein Blütenmeer. Vor allem wachsen dort natürlich Tulpen, die es ja hier in Mengen gibt. Doch auch Himbeersträucher gibt es da und Fliederbüsche und Pilze, unter die man sich stellen kann, wenn es regnet.

„Herzlich willkommen!", ruft Lissi und eilt ihren Besuchern entgegen. Sie hat ein rosarotes Kleid an mit vielen Rüschen. Irgendwie erinnert sie an eine Himbeertorte mit Sahneverzierung. Wirklich zauberhaft.

Habakuks Herz beginnt schneller zu schlagen. Er ist ein wenig verliebt in Lissi. Doch leider bleibt sie für ihn unerreichbar. Sie soll nämlich einen ganz berühmten jungen Wichtelmann heiraten. Doch der ist heute nicht anwesend, weil er sich auf Reisen befindet.

„Du bist wunderschön", flüstert Habakuk ihr zu.

Lissi lacht geschmeichelt, hängt sich bei ihm ein und führt ihn in den Blauen Salon. Dort setzt sie sich an die Glasharfe und spielt ihm ein Lied vor. Dazu singt sie: „Ja, die Liebe hat bunte Flügel..."

Der Text gefällt Habakuk nicht besonders. Wenn etwas bunte Flügel hat, muss er gleich an die Elfen denken. Und mit den Elfen steht er seit neulich auf Kriegsfuß.

Außerdem singt Lissi Strata nicht sehr schön. Ehrlich gesagt: Sie singt absolut falsch. Es klingt wie eine heisere Blechtrompete.

Habakuk ist richtig froh, als sie unterbrochen wird. Ein Dienstmädchen kommt herein und verkündet vornehm:

„Es ist angerichtet."

Allerdings versteht er nicht, was das Dienstmädchen meint. „Was, bitte schön, ist angerichtet?", fragt er. „O weh, hat jemand einen Schaden angerichtet? Aber ich habe nichts gemacht, wirklich nicht, Ehrenwort!"

„Die Torte steht auf dem Tisch", erklärt Lissi. Sie lächelt nachsichtig, nimmt Habakuks Arm und spaziert zur Geburtstagstafel, wo die Gäste schon ungeduldig warten.

„Guten Appetit", wünscht sie allen.

Habakuk darf neben Lissi sitzen. Die anderen Wichtel sehen es voller Neid und stecken die Köpfe zusammen.

„Wenn das Ampfi Trion erfährt", munkeln sie und sehen furchtsam drein. „Der versteht keinen Spaß!"

Ampfi Trion ist der berühmte Wichtel, den Lissi heiraten will. Doch wenn man sie so sieht, könnte man meinen, sie wäre in Habakuk verliebt.

Habakuk fühlt sich toll. Er merkt plötzlich, was für ein prächtiger Wichtel er ist. Da soll mal einer kommen!

Die Torte ist eine riesige Himbeertorte und sieht tatsächlich aus wie Lissis Kleid. Wun-der-schön. Habakuk kriegt keinen Bissen hinunter, weil er immerzu Lissi ansehen muss.

Plötzlich fliegt die Tür auf und ein Wichtel steht da: blondes Haar und weiße Tenniskluft.

Es ist Ampfi Trion, der Weltmeister im Tennisspielen.

„Ha", ruft Ampfi, „hab ich dich erwischt!"

Lissi springt erschrocken auf. „I-i-ich dachte, du – du spielst heute Tennis auf dem Wimpelberg", stottert sie.

„Das habe ich nur so gesagt", antwortet Ampfi Trion wütend. „Ich wollte sehen, ob du mir treu bist!" Er wirft Habakuk einen vernichtenden Blick zu.

„Aber nein, du machst einem anderen schöne Augen. Ausgerechnet diesem lächerlichen Zwerg – ha!"

Alle anwesenden Wichtel rutschen tiefer in ihre Sessel. Sie haben Angst, weil sie wissen, wie jähzornig Ampfi Trion ist. Nur Habakuk ist mutig.

„Was bin ich?", schreit er. „Ein Zwerg? Na warte!" Er springt auf Ampfi Trion zu und rüttelt und schüttelt ihn wie eine Medizinflasche. „Ich bin ein Wichteljunge und kein Zwerg! Merk dir das! Beleidigen lasse ich mich nicht. Außerdem bin ich verliebt in Lissi, jawohl."

„Es reicht!" Lissis Vater, Herr Strata, tritt energisch zwischen die Kampfhähne.

„Hör zu, Ampfi, mein Sohn: Entweder du setzt dich friedlich an unseren Tisch oder du gehst. Heiraten wird Lissi dich sowieso. Das ist schließlich abgemacht."

„Was?!" Habakuk dreht durch. Der Gedanke, dass seine Lissi diesen aufgeblasenen Kerl heiraten soll, bringt ihn auf die Palme. „Kommt nicht in die Tüte! Ich werde Lissi heiraten!"

„Aber du bist doch noch ein Junge", wendet Ampfi verdutzt ein.

„Ich bin vierundfünfzig Jahre alt", prahlt Habakuk. „Mit sechzig bin ich volljährig und darf heiraten. Verschwinde, du Aufschneider!"

„Selber Aufschneider!" Ampfi Trion packt Habakuk, hebt ihn hoch und wirft ihn in hohem Bogen durch die Luft. Hilfe, Volltreffer! Habakuk landet mitten in der Torte. Er zappelt und schreit. Und alle anderen lachen.

Nur Pippa kommt und hilft ihm heraus. An seinem Hinterteil kleben Zucker, Sahne, geriebene Mandeln und Himbeeren.

Auch Lissi lacht ihn aus. Sie geht zu Ampfi Trion und gibt ihm einen Kuss.

Habakuk steht beschämt da und lässt den Kopf hängen. „Das war kein guter Auftritt, was?", fragt er Pippa.

Die lacht. „Doch", antwortet sie. „Es war sogar ein ganz wichtiger Auftritt. Denn damit ist mir eines klar geworden."

„Was denn?", erkundigt sich Habakuk kleinlaut.

Pippa fährt mit dem Finger über die Sahnecreme auf seinem Hosenboden und sagt: „Dass du ein ganz süßer Junge bist!"

Da kann Habakuk auch nicht länger ernst bleiben und strahlt wieder übers ganze Wichtelgesicht.

Das neue Kleid

Seitdem die Busch-Oma eine Baronin ist, näht sie fleißiger denn je. Von früh bis spät sitzt sie an den Kleidern für das Königshaus. Sie näht Blusen, Hosen und Röcke aus Blättern. Aber auch aus Stoff, dessen Fäden die Seidenraupen gesponnen haben.

Benediktus Strata besitzt nämlich auch eine Stofffabrik, in der das feine Gespinst verarbeitet wird. In wundervollen Farben und Mustern leuchten sie, die Stoffe aus Benediktus Stratas Fabrik.

„Mach mir ein schönes Kleid", bittet Hannele die Busch-Oma.

„Nur, wenn du mich Frau Baronin nennst", sagt die Busch-Oma und blickt das kleine Hannele über den Brillenrand hinweg an.

Da macht das Wichtelmädchen einen tiefen Hofknicks und flötet: „Allergnädigste Frau Baronin von Zwirnberg, hätten Sie die Güte mir ein neues Kleid zu nähen?"

„Mal sehen." Die Oma verkneift sich ein Lachen und streicht dem Hannele über den Kopf. „Du bist ein hübsches Mädchen. Was möchtest du denn mal werden?"

„Prinzessin", ruft Hannele wie aus der Pistole geschossen. „Ich möchte eine Prinzessin werden."

„Das geht aber nicht", wendet die Busch-Oma ein und schüttelt den Kopf. „Dann müsstest du entweder einen König zum Vater haben oder einen Prinzen heiraten."

Hannele ist enttäuscht. Sie zieht einen Flunsch.

„Warum möchtest du denn Prinzessin werden?", fragt die Busch-Oma.

„Weil ich dann in einer goldenen Kutsche fahren

kann und alle mir fröhlich zuwinken", antwortet Hannele. „Auch kann ich feine Kleider tragen und muss nicht mehr zur Schule."

„Königskinder müssen auch zur Schule", lacht die Oma. „Eigentlich sollten sie viel gescheiter sein als die anderen. Doch das sind sie leider nicht. Also brauchst du auch keine Prinzessin zu werden."

Hannele deutet auf einen wunderschönen Stoff, an dem die Oma gerade näht. Es wird ein Kleid für eine Hofdame, die sehr eitel ist.

„Dieses Kleid möchte ich tragen", sagt Hannele.

„Na schön." Die Oma ist einverstanden. „Ich nähe es für dich."

In wenigen Tagen ist das Kleid fertig. Es sieht phantastisch aus! Himmelblau mit silbernen Fäden.

Hannele probiert das Kleid gleich an. Sie sieht darin wirklich aus wie eine Prinzessin.

„Darf ich es anbehalten?", fragt sie.

Die Busch-Oma lächelt und nickt. „Aber sei vorsichtig", warnt sie. „Gib Acht, dass du das teure Kleid nicht schmutzig machst."

Hannele spaziert durch die Straßen. Alle sehen

ihr nach. Sie fühlt sich in der Tat wie eine waschechte Prinzessin.

An der Ecke steht Pippa mit Baldrian und Habakuk. Sie stapfen mit den Füßen in einer Regenpfütze und spritzen sich von oben bis unten voll.

„Komm, mach mit", fordert Pippa sie auf. „Kann nicht", antwortet Hannele. „Das neue Kleid!"

Am Ufer des Sees tummeln sich Badewichtel. Sie sonnen sich oder springen ins Wasser um zu schwimmen.

„Komm, mach mit", rufen ihr die Wichtel zu.

„Kann nicht", seufzt Hannele. „Das neue Kleid!"

Am Sportplatz üben die Wichtel Weitsprung und Hochsprung, auch spielen sie Fußball. Ein lustiges Gewusel herrscht auf dem Sportfeld.

„He, Hannele." Die Wichtel winken ihr zu.

„Komm, spiel mit!"

Doch Hannele schüttelt traurig den Kopf.

„Kann nicht", seufzt sie. „Das neue Kleid!" Tränen stehen in ihren Augen.

Schließlich kommt sie zum Rummelplatz. Dort stehen Schaukeln und Ringelspiele und Karussells. Auch eine Berg-und-Tal-Bahn gibt es dort. Wenn diese ganz schnell fährt, purzeln die Wichtel auf dem Boden herum und schreien vor Wonne.

Letsgo treibt es am tollsten. Er entdeckt Hannele und brüllt: „Komm her, wir fahren eine Runde!"

Auf dem Boden herumkullern – mit dem Kleid? Unmöglich.

„Geht leider nicht", sagt Hannele und zuckt mit den Achseln. „Ich muss auf mein Kleid Acht geben."

Am liebsten hätte sie mitgemacht, doch die Busch-Oma hat sich so viel Mühe mit dem neuen Kleid gegeben. Außerdem sollte es ja einer feinen Hofdame gehören. Langsam findet Hannele es langweilig, mit dem blausilbernen Fummel herumzuspazieren.

Die Freunde winken ihr ohnehin alle zu, auch wenn sie keine Prinzessin ist.

Sie läuft schnurstracks zurück zum Haus der Oma.

Die erwartet sie schon an der Tür. „Na?", fragt sie und tut so, als wisse sie bereits Bescheid.

„Es macht keinen Spaß, wie eine Prinzessin auszusehen", sagt Hannele, schlüpft aus dem Kleid und zieht wieder ihre alten Sachen an. „Vielen Dank, Busch-Oma, und herzliche Grüße an die arme Hofdame, die das Kleid tragen muss."

Und schon ist Hannele wieder auf und davon.

Die Oma aber packt das kostbare Kleid in Seidenpapier und legt es in einen Karton. Den klemmt sie sich unter den Arm und macht sich auf den Weg ins Schloss.

An der Ecke trifft sie einen kleinen schwarzen Wichtel.

„Hallo, Busch-Oma", ruft der Mohrenwichtel und tropft wie ein nasser Sack. „Geht's dir gut?"

„Ausgezeichnet", antwortet die Oma. Sie muss lachen. Denn der kleine Neger ist niemand anderes als Hannele. Sie hat in der Schmuddelpfütze gebadet.

Der Flohzirkus

Ein Zirkus ist ins Tal der Tulpen gekommen. Er schlägt sein Zelt am Seeufer auf, mitten zwischen Himmelsschlüsseln und Gänseblümchen.

Nun ist natürlich ein Wichtelzirkus etwas anderes als ein Menschenzirkus. Pferde gibt es da keine, die wären ja viel zu groß. Es gibt auch keine Löwen, Tiger und Bären. Überhaupt keine Raubtiere. Stattdessen könnt ihr Frösche sehen, die durch brennende Reifen springen, oder dressierte Mäuse, die Männchen machen. Am schönsten aber ist der Flohzirkus.

Die Kapelle spielt einen Tusch: Ra-tata-taaaa!

Der Clown Timpsi kommt mit einer winzigen Schachtel an. Er hebt seine dicke, rote Nase stolz in die Luft, zeigt mit ausgestrecktem Finger auf die Schachtel und verkündet: „Hier drin befinden sich Tim und Tom – die klügsten Flöhe der Welt."

Er stellt die Schachtel auf den Tisch und sagt:

„Schwuppdiwupp!" Tim und Tom springen heraus. „Da sind sie schon. Könnt ihr die beiden Flöhe sehen?"

„Nein!", brüllen die Wichtelkinder, denn sie sehen wirklich nichts.

Nun kommt der Zauberer Larifari mit seinem Zauberstab und einem hohen spitzen Hut.

„Gleich werdet ihr Tim und Tom sehen können", sagt Larifari und verteilt Vergrößerungsbrillen.

Die Wichtelkinder setzen die Brillen auf. Und wirklich! Sie können Tim und Tom sehen. Die Flöhe hocken vor einer ganz kleinen goldenen Kutsche.

„Jetzt schaut mal genau hin", sagt Timpsi. Er spannt Tim und Tom vor den Wagen, ganz vorsichtig, damit er ihnen nicht wehtut. Und siehe da! Die Kutsche setzt sich in Bewegung. Sie fährt hin und her, quer über den Tisch, und her und hin.

Die Kinder applaudieren.

Timpsi nimmt den Flöhen die Zügel ab und ruft:

„Hopsahops!" Er breitet die Arme aus. Tim springt auf die rechte Hand, Tom auf die linke. Da sitzen sie nun beide und sehen sich um.

„Bravo!" Die Kinder klatschen und trampeln, die Erwachsenen rufen: „Großartig!"

Auf einmal wird Timpsi unter seiner dicken, weißen Schminke kreidebleich. „Hilfe", sagt er, „Tim und Tom sind ins Publikum gesprungen!"

„Hilfe!", rufen nun auch die Zuschauer und beginnen sich zu kratzen. Das juckt und zuckt, das kribbelt und krabbelt. Jeder denkt, er hat Tim oder Tom unter seinen Kleidern.

„Keine Panik!", ruft der Zauberer Larifari und hebt den Zauberstab. „Jeder bleibt auf seinem Platz und rührt sich nicht. Ich werde Tim und Tom wieder zurückzaubern."

Es wird mucksmäuschenstill im Zirkuszelt. Die Wichtel sitzen stumm und steif und warten, was nun wohl geschehen wird.

„Hokus, pokus, Wichtelglück:
Tim und Tom, kommt schnell zurück!",

ruft Larifari und fuchtelt mit seinem Zauberstab herum.

„Da!", schreit Letsgo und schiebt seine Vergrößerungsbrille zurecht. „Da sitzen sie wieder auf Timpsis Hand! Seht ihr es?"

„Ja, ja", antworten die Wichtelkinder im Chor.

Nur Baldrian sieht nichts, absolut nichts. Auch nicht durch die Vergrößerungsbrille. Habakuk sieht ebenfalls nichts.

Timpsi setzt die Flöhe behutsam auf den Tisch.

„Verabschiedet euch von eurem Publikum", sagt der Clown Timpsi zu den Flöhen.

„Auf Wiedersehen", rufen Tim und Tom. „Ade, ade, gute Nacht!" Dann müssen sie wieder in die Schachtel.

Nach der Vorstellung gehen Baldrian und Habakuk dorthin, wo die Zirkusleute wohnen.

Baldrian will nämlich unbedingt die zwei Flöhe sehen. Er glaubt nicht, dass es sie tatsächlich gibt, und noch viel weniger glaubt er, dass sie sprechen können. Er meint, Timpsi habe mit dem Bauch geredet. Habakuk meint das auch.

Hinter dem Zelt stehen die Wohnwagen. Der Clown Timpsi und der Zauberer Larifari wohnen zusammen.

Baldrian klopft.

„Herein", sagt Timpsi.

Baldrian und Habakuk betreten den Wohnwagen und schauen sich um. Timpsi hat sich inzwischen die Schminke aus dem Gesicht gewaschen und sieht nun aus wie ein normaler Wichtel.

Auch Larifari hat seinen spitzen Hut abgesetzt und den Zauberstab weggepackt.

„Womit können wir euch dienen?", fragt Timpsi.

„Wir würden gern mal Tim und Tom sehen", verlangt Baldrian. „Es ist nämlich so, dass wir nicht glauben, dass es sie gibt."

„Na, hört mal", entrüstet sich Timpsi, „wie könnt ihr das denken? Hattet ihr nicht die Brillen auf?"

„Doch", erwidert Habakuk, „aber ich habe durch sie auch nichts gesehen."

Timpsi sieht Larifari an. Larifari sieht Timpsi an. Dann schauen sie beide auf die Wichtelbuben.

„Also gut", seufzt Timpsi, „dann will ich euch Tim und Tom zeigen."

Er öffnet die kleine Schachtel, in der die Flöhe angeblich wohnen.

Baldrian und Habakuk stecken ihre Nasen hinein. Da sehen sie es: In einem winzigen Bett liegen die beiden Flöhe und schlafen.

Der eine schnarcht.

„Das ist Tom", sagt Timpsi.

„Tom schnarcht immer", fügt Larifari hinzu. „Oft können wir nachts nicht schlafen."

Der andere Floh, es ist Tim – wer sonst? –, blinzelt mit einem Auge, gähnt und murmelt: „Stört uns doch nicht immerzu. Morgen müssen wir wieder arbeiten. Das Leben im Zirkus ist sehr anstrengend", stöhnt er, „vor allem für Flöhe."

Timpsi schließt die Schachtel wieder, nicht ohne Tim vorher „Gute Nacht" gewünscht zu haben.

„Super", sagt Baldrian beeindruckt. „Wir hätten nicht gedacht, dass Flöhe sprechen können!"

Larifari blinzelt den Wichtelbuben zu. „Es gibt ja auch Leute, die glauben nicht mal, dass es Wichtel gibt", sagt er.

„Hahaha", lachen Baldrian und Habakuk. „Wichtel gibt es genauso wie sprechende Flöhe."

„So ist es", sagt Timpsi.

Und Larifari grinst von einem Ohr zum anderen.

Trullipuck

In einem hohlen Baum, ich glaube, es ist eine Buche, mitten im Walde wohnt Trullipuck.

Trullipuck sieht lustig aus: Er ist von oben bis unten behaart. Um die Hüften trägt er dicke Kränze aus Eichenlaub. Am Kinn wächst ihm ein Ziegenbart. Trullipuck ist nämlich ein Waldschrat. Er liebt die Wichtel und die Wichtel lieben ihn. So leben sie seit vielen Jahren friedlich miteinander.

Eines Tages passiert etwas Unglaubliches. Als Trullipuck mit großen Sätzen über die Wiesen springt und laut lachend die aufgescheuchten Elfen jagt, hört er plötzlich ein lautes Dröhnen und Heulen.

Die Elfen fliehen und verstecken sich in den Blütenkelchen.

Trullipuck klettert auf den höchsten Baum, hält die Hand über die Augen und schaut in die Ferne.

Auch die Wichtel haben den Lärm gehört. Sie kommen aus ihren Häusern und laufen aufgeregt hin und her, doch sie sind viel zu klein um etwas sehen zu können.

„Was ist los, Trullipuck?", fragen sie und versammeln sich um den Baum, auf dem der kleine Waldgeist hockt.

„Menschen!", ruft er außer sich. „Sie kommen in großen, röhrenden Kästen angefahren und halten am Seeufer."

„Diese Kästen sind Autos", sagt Doktor Pimpernell, der sich auskennt.

Er ist nämlich schon mal im Menschenland gewesen und hat gesehen, womit sie herumfahren. In bunten Kästen mit einem Motor. Die Kästen stinken und machen Krach.

„Es sind sehr große Kästen", berichtet Trullipuck.

„Jetzt halten sie an. Die Menschen krabbeln heraus wie eine Armee von Ameisen. Schrecklich viele quellen aus einem einzigen Kasten."

„Dann sind es Omnibusse", stellt Doktor Pimpernell fest. Er ist ein wenig blass um seine würdevolle Doktornase. Das liegt daran, dass er sich vor den Menschen fürchtet. Er weiß: Wenn sie in das Tal der Tulpen eindringen, ist es aus mit dem Frieden. Die Menschen werden Bäume fällen, die Erde aufwühlen, Häuser und Straßen bauen, ringsum wird nichts anderes zu sehen sein als Mauern aus Stein. Überall nur Stein.

Das darf nicht geschehen!

„Tu was, Trullipuck", bittet Doktor Pimpernell. „Verjage die Menschen, solange noch Zeit ist."

Trullipuck kann zwar sehr viel. Er kann Elfen jagen, die Feen ärgern, den Wichteln Streiche spielen, er kann Rapunzelsalat machen und Sauerampfer kauen. Aber die Menschen verjagen – das kann er nicht.

„Versuche es wenigstens", betteln die Wichtcl, die ganz unglücklich sind, weil die Menschen näher und näher kommen.

Trullipuck springt vom Baum, rennt den Zweibeinern entgegen und versteckt sich, so gut er kann. Was er sieht, nimmt ihm den Atem.

Laut rufend ziehen die Menschen durch das sonst so stille Tal. Sie rauchen Zigaretten, essen Schokolade oder Brote, lassen Papier und Zigarettenschachteln auf den Boden fallen. Auch Apfelsinenschalen und leere Dosen werfen sie in hohem Bogen fort. Sie ziehen über die Wiesen und zertrampeln die Blumen. Sie reißen Blätter von den Bäumen und schneiden Zweige ab.

Trullipuck bekommt Wut. Er sammelt Kräfte. Wenn er sich Mühe gibt, kann er sich sogar unsichtbar machen. Doch das klappt nur alle hundert Jahre.

„Die Zeit müsste gerade wieder um sein", überlegt Trullipuck. Das letzte Mal hat er sich unsichtbar gemacht, als die Busch-Oma einen runden Geburtstag feierte. Das war ein Spaß. Während die Wichtel tanzten, hat sich der unsichtbare Trullipuck über das kalte Büfett hergemacht und alles aufgefuttert.

Heute aber muss er sich aus einem anderen Grund unsichtbar machen. Er will den Menschen einen Denkzettel verpassen.

„Weiße Finger, schwarze Zehen,
keiner soll mich nun mehr sehen!",

murmelt Trullipuck. Und – huiii – löst er sich in eine Nebelwolke auf.

Die Menschen reißen Pilze aus der Erde und plündern die Blaubeersträucher. Sie rütteln die Tannenbäume, damit Zapfen herunterfallen. Sie wühlen mit Stöcken in einem Haufen, den die Ameisen mühsam aufgeschichtet haben. Einer zielt sogar mit dem Gewehr auf einen Hasen, doch der Hase kann entkommen.

„Na wartet!", schreit die Nebelwolke, die niemand anderer ist als Trullipuck. „Euch werde ich helfen!"

Er nimmt Zigarettenschachteln, Tüten, Dosen und Papier, die Kannen mit den Blaubeeren, die Körbe mit den Pilzen und haut sie – schwummdiwumm – den Menschen um die Ohren. Das ist ein Rennen und Schreien!

„Es spukt, es spukt!", rufen die Menschen und flüchten zurück zu ihren Omnibussen.

Nur ein paar Vernünftige sagen: „Der Wald rächt sich. Wir haben ihn herausgefordert."

Doch davon wollen die anderen nichts hören. Da steigen auch die Vernünftigen ein und fahren davon.

„Wie habe ich das gemacht?", erkundigt sich Trullipuck mit stolzgeschwellter Brust. Er hat wieder seine frühere Gestalt angenommen.

„Fabelhaft", loben die Wichtel.

Doktor Pimpernell faltet die Hände und seufzt: „Hoffentlich kommen die Menschen nicht wieder."

Doch das weiß leider keiner so genau. Nicht mal Trullipuck, der sonst immer alles besser weiß.

Hilfe, Hochwasser!

Es regnet seit vielen Tagen. Die Sonne hat sich verkrochen. Dunkle Wolken hängen tief über dem Tal der Tulpen.

Der See füllt sich mit Wasser auf. Das Wasser steigt und steigt. Schon tritt es über die Ufer.

Bürgermeister Schnüffel beruft eine Sitzung im Rathaus ein. „Wir müssen unbedingt einen Damm bauen", beschließt er und die anderen stimmen ihm zu.

König
Tulipan

„Auch sollten wir sofort den König verständigen."

Stadtrat Schnack macht sich auf den Weg zu König Tulipan.

Er wird augenblicklich vorgelassen, obwohl der König im Thronsaal Pingpong spielt, wie immer mit dem armen Haushofmeister.

„Wenn wir jetzt nicht schnellstens einen Damm bauen", schnauft Stadtrat Schnack, denn er ist nicht mehr der Jüngste, „dann wird unser Tal überschwemmt werden, und das Schloss schwimmt davon wie ein Fisch im Wasser."

„Mein Schloss schwimmt davon wie ein Fisch im Wasser?", ruft der König fassungslos. Er unterbricht das Pingpongspiel, worüber der Haushofmeister sich freut, denn er ist vom langen Spielen ziemlich erschöpft. „Was kann ich tun?", fragt der König.

Stadtrat Schnack antwortet: „Eure Majestät könnten eine Kutsche anspannen lassen, damit durch die Straßen fahren und alle Wichtel zusammenrufen."

„Wenn es denn sein muss", seufzt der König und lässt anspannen. Aber nicht die goldene Regierungskutsche, sondern die braune Droschke aus Baumrinde. Es ist die Arbeitskutsche. Leider gibt es außer diesen beiden Kutschen keine anderen Fahrzeuge im Tal der Tulpen.

Der König fährt durch die Wald- und Wiesengassen, hält ein Sprachrohr vor den Mund und ruft:

„Achtung, Achtung – alle Wichtel herhören! Es droht Hochwassergefahr. Wir müssen einen Damm bauen um das Wasser aufzuhalten. Nehmt sofort Schaufeln und Hacken und begebt euch zum Seeufer."

Bald wimmelt es rund um den See von Wichteln. Junge und Alte, Frauen und Männer, ja, auch Wichtelkinder sind dabei und helfen mit. Auf die ganz kleinen Wichtel passt die Busch-Oma auf. Sie steht mit ihnen unter einem riesigen Schirm, damit sie nicht nass werden. Gespannt sehen sie zu, was am Ufer geschieht.

Von allen Seiten werden Steine herangeschleppt und aufgeschichtet. Die Wichtel schaufeln Sand und Erde zu einem hohen Berg längs des Ufers. Das Wasser leckt daran wie eine Wichtelzunge am Vanilleeis. Plötzlich wird das Wasser wütend und stößt mit aller Gewalt gegen den Damm. Er stürzt ein. Und eine große Welle schießt auf die Häuser zu.

„Hierher!", ruft Stadtrat Schnauz und schaufelt wie verrückt. „Bringt Steine und noch mehr Sand!"

Die Wichtel laufen, hacken und schaufeln, ächzen und stöhnen. Es hilft nichts. Immer wieder schießt das Wasser über den Damm.

Von keiner Seite kommt Hilfe.

Feen und Elfen haben sich in ihre Waldhöhlen zurückgezogen. Auch Trullipuck hat sich irgendwo verkrochen, genau wie die Sonne. Es regnet und regnet und das Wasser steigt.

„Hilfe", ruft eine Stimme, „der König ist ins Wasser gefallen!"

Die Wichtel laufen zusammen und starren entsetzt in die Springflut. König Tulipan zappelt im Wasser und schreit.

„Wir müssen ihn retten!" Habakuk überlegt nicht lange. Er springt ins Wasser, packt den König am kostbaren Spitzenkragen und brüllt: „Halte dich fest, Onkel König! Leg den Arm um meinen Hals."

Der König tut es. Gemeinsam erreichen sie den nahen Hügel, wo das Wasser noch nicht ist.

„Das war knapp", keucht der König und fällt ins

hohe Gras. „Wenn du mich nicht gerettet hättest, wäre ich jämmerlich ertrunken. Ich kann nämlich nicht schwimmen."

„O weh", bedauert Habakuk. Er ist ein Meisterschwimmer und kann sich nicht vorstellen, wie es ist, wenn einer nicht schwimmen kann.

„Du darfst dir was wünschen", sagt der König.

Habakuk denkt kurz nach. Dann antwortet er:

„Au fein! Ich wünsche mir hundertzwanzig Portionen Schokoladenpudding, für mich und meinen Freund Baldrian."

„Ihr sollt euren Schokoladenpudding haben", verspricht der König.

Inzwischen haben die Wichtel den Damm gebaut. Jetzt hält er. Vielleicht liegt es auch daran, dass der Regen nachlässt und schließlich ganz aufhört. Die Wichtel atmen auf. Sie gehen in ihre Häuser zurück und legen alles trocken, was nass geworden ist. Auch ihre Babys. Dabei hilft ihnen die Busch-Oma.

Einige Tage später ist es wieder wie vorher. Der See liegt ruhig, das Wasser glitzert in der Sonne und viele prächtige Blumen blühen im Tal der Tulpen.

Auf der Seewiese sind alle Wichtel versammelt und blicken erwartungsvoll zur Tribüne. Dort oben steht Habakuk mit stolzgeschwellter Brust, breitbeinig, die Hände in die Hüften gestemmt.

Der Bürgermeister tritt vor ihn hin, schüttelt ihm die Hand und sagt: „Du hast unserem König das Leben gerettet. Deshalb bekommst du nun einen Orden für Tapferkeit."

Er hängt Habakuk den Orden um den Hals. Er ist aus purem Gold und hängt an einem himmelblauen Band. Habakuk knickt ein wenig in den Knien ein, weil der Orden so schwer ist.

Doch bald steht er wieder aufrecht und winkt der jubelnden Menge zu.

Nun erscheint auch der König um Habakuk zu gratulieren. Er gibt einen Wink. Gleich darauf kommen Schubkarren angefahren. Zwanzig Schubkarren, bis obenhin beladen mit hundertzwanzig Portionen Schokoladenpudding aus der Schlossküche. Sie wabbeln in kleinen Muschelschalen und duften appetitlich.

Jubelnd machen sich Habakuk und Baldrian darüber her.

Doch sie können den ganzen Schokoladenpudding nicht allein aufessen. Die anderen Wichtelkinder müssen ihnen dabei helfen.

„Ein goldener Orden ist ja recht schön", stellt Habakuk fest. „Aber Schokoladenpudding ist viel, viel besser!"

„Genau", stimmt Baldrian zu und klopft sich den Bauch.

Ein Fass Labommelschnaps

Seit zwei Tagen sitzen Kümmelkorn und Wackelbauch in der Kneipe „Zur roten Zipfelmütze". Sie trinken Labommelschnaps. Der schmeckt scharf und feurig und steigt zu Kopf.

„Geht nach Hause", sagt die Wirtin, denn sie ist hundemüde. „Genug für heute."

Doch die Wichtel denken nicht daran, zu gehen.

„Prost, Kümmelkorn!"
„Prost, Wackelbauch!"

Sie stoßen mit den Gläsern an, trinken sie leer und machen genießerisch „aaaah".

„Wir möchten noch eine Flasche Baschommelbaps", bestellt Kümmelkorn.

„Das heißt Schobammelaps", verbessert Wackelbauch.

Kümmelkorn lacht ihn aus. „Bist du dumm! Das heißt nicht Schobammelaps, sondern Torschaffeltaps."

Sie fallen vor Lachen fast vom Stuhl.

„Schluss jetzt", sagt die Wirtin. „Ihr bekommt keinen Tropfen mehr!" Sie hat kräftige Arme, aber als sie die beiden am Kragen packt um sie hinauszuwerfen, kriegt sie sie nicht vom Stuhl hoch.

Hatschi kommt herein und möchte eine Flasche Bier. Als er Kümmelkorn und Wackelbauch sieht, grinst er.

„Die sehen aber auch aus", sagt er kopfschüttelnd, „als hätten sie hundert Nächte lang nicht geschlafen. Und stinken tun die – wie eine ganze Schnapsbrennerei. Igitt!"

„Hilf mir, sie rauszuschmeißen", bittet die Wirtin.

„Nichts leichter als das", antwortet Hatschi, geht zu den Saufbrüdern und stellt sich breitbeinig vor ihnen auf.

„Haut ab", ruft er, „aber schnell! Eure Häuser brennen."

Kümmelkorn winkt ab. „Dann mü-müssen wir lö-löschen", stammelt er.

„Und damit fangen wir gleich bei uns an", setzt Wackelbauch hinzu.

Wieder trinken sie ihre Gläser leer, nehmen die Flasche und schenken von neuem nach.

Hatschi überlegt kurz, holt tief Luft und niest ihnen mitten ins Gesicht. „Hatschi, hatschi!" Er versucht, völlig verschreckt auszusehen. „Das ganze Tal hat Heuschnupfen. Eine Seuche ist ausgebrochen! Geht nach Hause und rettet eure Frauen und Kinder."

„Keine Panik", meint Wackelbauch und zuckt mit

den Achseln. „Wenn sie den Heuschnupfen haben, sollen sie tüchtig niesen. Das ist gesund. Wir trinken auf ihr Wohl. Prost, Kümmelkorn!"

„Prost, Wackelbauch!"

Die Tür geht auf und herein kommt Doktor Pimpernell. Er hat eine Verabredung mit Bürgermeister Schnüffel.

Die Wirtin eilt auf den Doktor zu und fleht ihn an: „Helfen Sie mir die Saufwichtel loszuwerden. Die sind schon zwei Tage und zwei Nächte hier."

„Nichts leichter als das", antwortet der Doktor, geht zu den Zechkumpanen und begrüßt sie. Dann schaut er ihnen tief in die Augen, fühlt den Puls und sagt entgeistert:

„Ihr habt die Gelbsucht und müsst schleunigst ins Bett. Keine Minute länger dürft ihr mehr hier sein."

Kümmelkorn blinzelt ihm zu. „Wenn wir die Gelbsucht haben, müssen wir trinken, bis wir rot werden wie unsere Nasen."

Der Doktor gibt auf. Es hat keinen Zweck. Die Wirtin setzt ihre letzte Hoffnung auf den Bürgermeister, der soeben die Gaststube betritt.

„Helfen Sie mir die Saufwichtel loszuwerden", bettelt sie herzzerreißend, mit Tränen in den Augen.

„Nichts leichter als das", erwidert der Bürgermeister, geht zu den trinkenden Wichteln und verkündet mit traurigem Gesicht: „Ich muss euch eine betrübliche Mitteilung machen: Die Sparkasse ist geplatzt."

„Geplatzt?" Wackelbauch muss lachen. „Pengtschäräng! Wie gut, dass wir hier sitzen und nicht in der Sparkasse waren, als sie geplatzt ist."

„Ihr versteht mich falsch", sagt der Bürgermeister geduldig, denn das bringt sein Amt mit sich. „Ich wollte damit sagen, dass euer Geld keinen Wert mehr hat. Ihr seid bettelarm, könnt nicht mal euren Labommelschnaps bezahlen."

„Wir arbeiten unsere Zeche ab", wendet Wackelbauch ein und betrachtet die Flasche auf dem Tisch. Sie ist leer.

„Noch eine Flasche!", ruft er. „Das war die letzte", sagt die Wirtin. Sie hofft, dass sie endlich nach Hause gehen. Doch da hat sie sich verrechnet.

„Dann warten wir auf ein Wunder", meint Kümmelkorn.

„Was denkt ihr denn, was für ein Wunder geschehen soll?", fragt Stadtrat Schnauz, der inzwischen auch gekommen ist und mithelfen will die Saufwichtel zu vertreiben, damit die arme Wirtin endlich schlafen gehen kann.

„Vielleicht...", Kümmelkorn denkt angestrengt nach, „vielleicht füllen sich die leeren Flaschen wieder auf, von ganz allein."

„Oder...", überlegt Wackelbauch, „es fängt an, Schnaps zu regnen."

Das bringt Doktor Pimpernell auf eine Idee. Er berät sich kurz mit den anderen, worauf alle das Lokal verlassen.

Nur Kümmelkorn und Wackelbauch sitzen noch immer an ihrem Tisch. Sie hängen sich ein, schunkeln und singen, so laut sie können: „Schnaps her, Schnaps her – oder wir fall'n um, widdibum!"

Es ist fast Mitternacht. Nichts passiert. Weder füllen sich die Flaschen neu noch regnet es Schnaps vom Himmel.

Plötzlich stürzt Hatschi herein, ganz atemlos – er tut jedenfalls so –, und schreit: „Ein Wunder ist geschehen! Vom Berg ist ein Fass herabgerollt und liegt vor der Tür. Wisst ihr, was in dem Fass ist? Labommelschnaps!"

Kümmelkorn und Wackelbauch schlagen sich jubelnd gegenseitig auf die Schultern, springen auf und rennen vors Haus. Tatsächlich: Vor der Tür liegt ein großes Fass! Sofort zapfen sie es an, gießen ihre Gläser voll und trinken in durstigen Zügen. Aber – Hilfe! – dann springen sie wie verrückt herum, verziehen die Gesichter, schütteln sich und ringen nach Luft. Sie fallen um wie betäubte Fliegen. Da liegen sie nun und schlafen ihren Rausch aus.

„Was ist denn in dem Fass?", fragt die Lehrerin, Frau Kollermann, die durch den Krach wach geworden ist.

„Seifenlauge", antwortet Doktor Pimpernell. „Kümmelkorn und Wackelbauch haben Seifenlauge getrunken."

Das gibt ein Gewieher und Gelächter.

Die Wirtin aber macht endlich ihre Kneipe zu und geht zu Bett. Gute Nacht.

Die große Erfindung

Larifari, der Zauberer, hat Langeweile. Das liegt daran, dass er zu wenig zu tun hat. Er ist ja kein wirklicher Zauberer, sondern ein Magier. So nennt man die Leute, die sich das Zaubern durch Geschicklichkeit beigebracht haben. Sie können Tücher verschwinden lassen oder Tennisbälle aus anderer Leute Nase ziehen. Das alles kann Larifari und noch viel mehr. Nur – wo sollte er das tun?

Gut, ab und zu gibt es eine Zirkusvorstellung. Oder eine Veranstaltung für Wichtelkinder, die sich über die Zaubereien freuen. Auch vor den Feen und Elfen ist er bereits aufgetreten, doch die haben nur wenig Verständnis dafür. Das liegt wohl daran, dass sie selbst ein wenig zaubern können, und zwar ganz echt.

Darum ist Larifari nebenberuflich Erfinder. Zwei verrückte Dinge hat er schon erfunden: die Tannennadelzählmaschine und das Heuschreckenauto.

Mit der Tannennadelzählmaschine können die Wichtel sämtliche Nadeln auf den Bäumen zählen und auch die auf dem Waldboden. Eine sehr wichtige Erfindung, das müsst ihr doch zugeben. Oder?

Mit dem Heuschreckenauto hat es leider nicht geklappt. Larifari hat ein Auto gebaut, das die Form einer Heuschrecke besaß. So richtig stromlinienförmig. Das sah ganz toll aus! Doch als er es ausprobieren wollte um es den Wichteln feierlich vorzuführen, da fuhr das Heuschreckenauto einen halben Meter, machte „tatatatüff-rumsbums" und explodierte. Das war also nichts geworden.

Nun hat Larifari etwas Sensationelles erfunden: die Jubelmaschine. Doch, ihr habt richtig gehört: eine Maschine, die jubelt. Wozu? Das kann ich euch sagen.

Der König hat sich beschwert. „Wenn ich durch die Wald- und Wiesenstraße fahre, stehen die Wichtel nicht mehr wie früher am Straßenrand und jubeln", hat König Tulipan gesagt. „Sie sehen nicht einmal mehr hin, wenn ich mit der goldenen Kutsche dahinrolle und leutselig winke. Was sind das für Zeiten?"

„Nun", dachte Larifari, „dann erfinde ich eben eine Jubelmaschine, viereckig wie ein Wunderwürfel. An die Maschine werden Lautsprecher angeschlossen und überall aufgestellt. Wenn der König sein Schloss verlässt, legt die Maschine los."

„Hurra, hurra!", hallt es dann aus den Lautsprechern. „Hoch, hoch!", jubelt es durch das ganze Tal. Die Wichtel haben überhaupt keine Scherereien. Sie können weiter faul in der Sonne liegen oder Blaubeermarmelade einkochen oder sonst was tun. Die Maschine jubelt für sie. Und der König wird sich freuen.

Das tut er dann auch.

Der König verlässt sein Schloss, besteigt die Kutsche, vor die Zugfrösche gespannt sind – und los geht's mit der Jubelei: „Hurra, hurra!" und „Hoch, hoch!" und wieder „Hurra, hurra!"

Glücklich sitzt der König in seiner Kutsche und strahlt. Er winkt nach allen Seiten, obwohl keiner dasteht. Doch er tut so, als wären alle Wichteluntertanen vollzählig versammelt.

Am nächsten Tag lässt der König den Erfinder Larifari ins Schloss kommen. Der fühlt sich sehr geehrt.

„Großer Meister", sagt der König und legt Larifari die Hand auf die Schulter. „Hiermit verleihe ich dir den Tulipanpreis erster Klasse, in Form unseres königlichen Wappens."

Larifari bekommt einen Stab überreicht. Oben an dem Stab prangt eine silberne Fahne. Auf der Fahne ist eine rote Tulpe mit einer Krone zu sehen.

„Ich danke Euch, Majestät." Larifari macht eine Verbeugung. „Den Preis werde ich in meine Besenkammer stellen, wo ich alle wertvollen Dinge aufzubewahren pflege."

Der König nickt gnädig und Larifari ist entlassen.

Eines schönen Tages beschließt König Tulipan wieder eine Stadtrundfahrt zu machen. Er hört die Jubelrufe zu gern! Also besteigt er die Kutsche. Wieder bleiben die Wichtel, wo sie sind.

„Hurra, hurra!", jubelt die Maschine. „Hoch, hoch, hoch!" So geht das eine Weile. Doch auf einmal macht es „klack" in den Lautsprechern und es beginnt in ihnen zu rauschen: „Hui-huihui ..."

Das klingt abscheulich. Und dann – kaum zu glauben – hört man es ganz deutlich! Statt „hurra" und „hoch, hoch" kommt etwas anderes aus der Jubelmaschine.

„Pfui, pfui!", schallt es über die Wiesen und durch die Wälder. Schrille Pfiffe werden laut und dann wieder: „Pfui, pfui!"

Der König wird blass. Er sagt dem Kutscher, dass er umkehren soll. Die Frösche vor der Kutsche hüpfen in großen Sprüngen heimwärts.

„Stellt die Maschine ab!", ruft der König außer sich.

Larifari wird ins Schloss befohlen und der König stellt ihn zur Rede. „Was ist passiert?", schreit er Larifari an.

Der arme Erfinder stammelt: „Es hat einen technischen Schaden gegeben. Die weißen Moleküle sind anders gelaufen als die gelben Stromstöße, da hat sich die elektrische Spannung überdehnt und aus ‚hurra' und ‚hoch' ist ‚pfui' geworden."

„Pfui", sagt der König und runzelt die Stirn. „Verschwinde aus meinen Augen! Und den Tulipanpreis erster Klasse gibst du auch zurück."

Larifari fragt schüchtern, ob er den König vielleicht durch ein Kartenkunststück aufheitern könne. Doch der lässt ihn hinauswerfen.

Viele Tage ist der König traurig. Er wird sogar krank, liegt im Bett und will nicht mal mehr Pingpong spielen. Das ist eine schlimme Zeit. Alle Wichtel im Schloss gehen auf Zehenspitzen.

Doch dann kommt Prinzessin Farella, seine Tochter und jetzige Postministerin.

„Väterchen", sagt Farella und streichelt das bärtige Gesicht des kranken Königs, „warum, um Himmels willen, ist es dir so wichtig, dass die Wichtel jubeln? Das macht doch nur unnötigen Krach. Liebst du nicht auch die Stille? Sieh mal: Wenn es still ist, kannst du die Vögel zwitschern hören, die Grillen zirpen und die Bienen summen. Ist das nicht viel schöner als die alberne Jubelei?"

Der König denkt nach, sehr lange. Dann nickt er und sagt: „Du hast Recht, liebe Tochter. Ich will es mal versuchen."

Wieder lässt er anspannen. Dann steigt er in die Kutsche. Farella setzt sich neben ihn. Sie fahren durch die Wiesen. Und wirklich: Bienen und Hummeln summen, die Grillen zirpen ein Lied und die Lerchen jubeln viel schöner, als es die beste Jubelmaschine kann.

„Es ist wundervoll", sagt der König. „So soll es immer sein. Und wehe, es fällt einem Untertanen ein, mir zuzujubeln!"

Dann fährt er zurück ins Schloss und spielt eine Runde Pingpong. Mit seiner Tochter, der Postministerin.

Hurra, hurra.

Don Kilotte aus Spanien

An einem Sonntag im August findet ein Tennis-
turnier statt.

Im Waldstadion sind alle Plätze besetzt. Seit Stunden spielen die Wichtel und Wichtelinnen miteinander und gegeneinander.

Doch jetzt soll das Hauptspiel kommen: Ampfi
Trion, das Tennis-As, spielt gegen einen spanischen
Wichtel. Er heißt Don Kilotte.

Vor einiger Zeit ist Don Kilotte im Tal der Tulpen aufgetaucht. Er kommt aus Spanien. Keiner weiß, wer er ist und was er bisher gemacht hat. Auf jeden Fall kann er gut Tennis spielen. Weil er das so ausgezeichnet kann, spielt er nun mit Ampfi Trion, dem Tennisspitzenstar.

Kein Wunder, dass die Zuschauer jubeln, als die beiden, mit den Tennisschlägern unter den Armen, auf den Platz gelaufen kommen: der blonde Ampfi und der dunkelhaarige Kilotte.

Stolz nehmen sie den Beifall entgegen, stellen sich auf ihre Plätze und das Spiel beginnt.

Klick-klack, klick-klack! Die Köpfe der Zuschauer drehen sich mal nach rechts, mal nach links und schauen dem Ball nach. Es ist sehr spannend. Beide spielen gleich gut.

Nur eines ist merkwürdig: Warum sammelt Don Kilotte die herumliegenden Bälle auf und steckt sie in die Tasche? Er sieht schon ganz aufgeplustert aus, wie eine Henne, die Eier legt.

Was will Don Kilotte nur mit all den Bällen?

Das Spiel geht weiter. Der Schiedsrichter thront auf seinem Hochsitz und macht ein zufriedenes Gesicht.

Klick-klack, klick-klack!

Ampfi schlägt seinen Ball hinüber zu Kilotte. Der klemmt sich den Schläger unter den Arm, ruft: „Zack!" und fängt den Ball mit der Hand.

„Das kann ich auch", ruft Ampfi Trion. Er schreit: „Hepp!" und fängt den Ball ebenfalls. „Siehst du?" Er wedelt vor Freude mit dem Schläger wie ein Hund mit dem Schwanz. „Aber jetzt lass uns weiter Tennis spielen."

Doch Don Kilotte denkt nicht daran. Er holt die Bälle aus seinen Taschen, einen nach dem anderen, und jongliert damit. Zwei Bälle, drei Bälle, fünf, acht, zehn Bälle wirft er nacheinander in die Luft, fängt sie geschickt auf, wirft sie unter dem Bein hindurch und lässt sie den Rücken hinauflaufen, über die Schulter in die Hand. Alles ganz schnell.

Die Zuschauer sind platt. Ihnen gefällt, was Don Kilotte macht. Tennis haben sie genug gesehen an diesem Nachmittag. Einen Jongleur noch nicht.

„Lass uns endlich weiterspielen!", ruft Ampfi Trion. Er stampft mit dem Fuß auf.

Don Kilotte hört gar nicht hin. Prüfend betrachtet er das Netz, das in der Mitte des Platzes gespannt ist und über das eigentlich die Bälle fliegen sollen.

„Das ist fein", stellt Kilotte fest. Er lacht, dass seine weißen Zähne blitzen. Mit einem Satz schwingt er sich auf das Netz

115

und balanciert darauf mit ausgebreiteten Armen. Dann beginnt er wieder zu jonglieren. Diesmal sogar mit zwölf Bällen. Nicht ein einziger fällt herunter.

„Bravo!", rufen die Zuschauer. „Bravo, Don Kilotte!"

Ampfis Gesicht läuft lila an. Er sieht hinüber zur Ehrenloge. Dort sitzt seine Braut Lissi Strata mit ihrem Herrn Papa. Eigentlich sollte sie nun stolz auf ihren Ampfi sein, jawohl.

Doch wie kann sie das, wenn hier nicht Tennis gespielt wird – wenn dieser komische Don Kilotte jongliert und balanciert, als wäre er im Zirkus?

Lissi sieht, wie verzweifelt Ampfi ist. Sie will, sie muss ihm helfen. Also steht sie auf, klettert aus der Ehrenloge, läuft zum Schiedsrichter und ruft: „He, du da oben! Träumst du? Warum lässt du es zu, dass dieser Kilotte alles andere tut als Tennis zu spielen?!"

Der Schiedsrichter erschrickt. Er war tatsächlich ein wenig eingenickt. Viele Stunden schon sitzt er in luftiger Höhe, während die Sonne auf seine Glatze brennt, als wolle sie dort ein Spiegelei braten. Er hebt die Trillerpfeife zum Mund und pfeift, so laut er kann.

„Die Spieler auf die Plätze bitte", ruft er. „Es geht weiter!"

Ampfi Trion nickt Lissi zu und geht auf seinen Platz.

Auch Don Kilotte nimmt Aufstellung. Aber nicht lange. Plötzlich wippt er in den Knien, rennt los und macht einen doppelten Salto über das Netz. Einmal vorwärts, einmal rückwärts. Der Jubel findet kein Ende.

Aber das ist noch nicht alles. Nun schwingt sich der verrückte Kilotte in den Handstand, läuft die Leiter zum Hochsitz hinauf, immer auf Händen, versteht sich, dann springt er auf die Lehne des Schiedsrichterstuhls und steht in luftiger Höhe wie eine Eins.

Die Zuschauer sind nicht mehr zu halten.

Sie klatschen so tüchtig, dass es im ganzen Tal widerhallt.

Ampfi Trion sieht nicht länger untätig zu. Er will auch etwas zeigen. „Platz da!", schreit er.

Kilotte erschrickt und purzelt vom Hochsitz, fängt sich aber im letzten Augenblick und kommt heil unten an, wie ein geübter Turner, der vom Reck springt.

Nun ist Ampfi an der Reihe. Auch er macht einen Salto über das Netz. Zwar keinen doppelten, nur einen einfachen, doch für einen Tennisspieler ist das schon allerhand.

Er läuft auf Händen – genau wie vorher Don Kilotte – den Hochsitz hinauf und hopst ebenfalls auf die Lehne. Dann lässt er mit der linken Hand los und balanciert einhändig.

„Bravo, Ampfi!", schreit das Publikum begeistert.

Der Schiedsrichter zieht den Kopf ein und traut sich nicht sich zu bewegen. So was ist ihm noch nie passiert.

„Danke schön", sagt Ampfi und springt hinunter, wo Don Kilotte ihn erwartet.

Sie schütteln sich die Hände.

„Das hast du gut gemacht", lobt Don Kilotte.

„Du aber auch", sagt Ampfi.

Kilotte grinst ihn an. „Ich komme ja auch vom Zirkus, ich war Artist, weißt du?"

„Fabelhaft", grinst Ampfi zurück. „Wir sollten zusammen auftreten."

„Das haben wir ja gerade gemacht", meint Kilotte.

Die schöne Lissi kommt und überreicht jedem eine rote Rose. „Ihr seid zwei große Künstler", sagt sie und gibt zuerst Ampfi, dann Kilotte einen Kuss.

Die Zuschauer gehen zufrieden nach Hause und finden, ein so interessantes Tennisspiel hätten sie noch niemals gesehen.

Rubina zaubert!

Rubina ist eine gute Fee und noch sehr jung. Sie ist soeben dabei, das Zaubern zu erlernen, und das ist wirklich nicht einfach.

„Hör zu, Rubina", sagt Klarine, die Oberfee. Sie ist schon ziemlich alt und hat eine Menge Erfahrung. „Zaubern ist gar nicht so schwer, wenn man es kann. Du darfst nur deinen Zauberspruch nicht vergessen. Dann ist es leicht, Wunder zu tun und die Wichtel glücklich zu machen."

Rubina sitzt auf einem Zweig der großen Kastanie und baumelt mit den Beinen.

„Was für Wunder soll ich denn tun?", erkundigt sie sich.

„Du gehst zu den Wichteln und fragst sie nach ihrem Kummer", antwortet Klarine. „Wenn einer sehr unglücklich ist, sagst du deinen Zauberspruch und befreist ihn von dem Ärgernis."

„Das tu' ich gern", sagt Rubina, nimmt den Zauberstab und schickt sich an zu den Wichteln zu gehen.

„Hoffentlich machst du es richtig", seufzt Klarina.

„Denn du hast noch lange nicht ausgelernt."

„Ich kann es schon sehr gut", versichert Rubina. „Du wirst sehen!"

Rubina ist fest entschlossen alle Wichtel, die ihr begegnen, froh und glücklich zu machen.

Als ersten trifft sie Hatschi, den Heuschnupfenwichtel. Er fegt den Weg vor seinem Haus und brummelt vor sich hin.

„Diese blöde Fegerei", schimpft er. „Jeden Tag dasselbe. Wenn ich nur diesen verdammten Besen nicht mehr anzurühren bräuchte!"

„Ich werde dir helfen", verspricht Rubina, hebt den Zauberstab und murmelt einen Spruch. Kaum hat sie ihn beendet, fliegt der Besen davon, startet senkrecht in den Himmel wie eine Rakete und ist verschwunden.

„Siehst du", sagt Rubina, „dein Wunsch ist in Erfüllung gegangen. Du brauchst den Besen nun nie wieder anzurühren. Ich habe dich glücklich gemacht."

Sie schwebt davon und hört nicht, wie Hatschi ihr nachschimpft. Er hebt beide Fäuste, stampft mit dem Fuß auf und ist vor Wut außer sich.

Rubina kommt zum Haus der Busch-Oma. Die hat heute große Wäsche. Das ist eine Plage, denn die Wichtel haben keine Waschmaschine. Darum muss die Busch-Oma – Verzeihung: die Baronin von Zwirnberg – ihre Wäsche mit den Händen waschen. Bis über die Ellenbogen stecken ihre Arme in der Seifenlauge.

„Wenn bloß dieses Wäschewaschen nicht wäre", jammert sie. „Mir tun schon alle Knochen weh!"

„Ich werde dir helfen", sagt Rubina, hebt den Zauberstab und murmelt einen Spruch. Die Wäsche schwappt aus dem Bottich: zuerst die Hemden, dann die Hosen, die Strümpfe, die Kleider – alles erhebt sich in die Luft und schwebt ins Weltall.

Mit offenem Mund starrt die Busch-Oma ihrer Wäsche nach. Dann fällt sie vor Schreck um.

Rubina freut sich und fliegt zum nächsten Haus. Hier wohnt Frau Kollermann, die Lehrerin. Sie sitzt in ihrer Wohnstube, hat einen Berg Hefte vor sich und verbessert die Fehler mit dem Rotstift.

„Was für ein Beruf", stöhnt die Lehrerin. „Alle können den Feierabend genießen! Nur ich muss hier sitzen und Schulaufgaben verbessern. Wenn das bloß schon ein Ende hätte!"

„Ich werde dir helfen", versichert Rubina, hebt ihren Zauberstab und murmelt einen Spruch. Plötzlich kommt ein starker Wind auf, fährt in die Wohnstube, schnappt sich die Schulhefte und wirbelt sie hinaus: höher und höher in die Luft, bis sie nicht mehr zu sehen sind.

„Siehst du", ruft Rubina vergnügt, „dein Wunsch ist in Erfüllung gegangen. Du brauchst keine Schulaufgaben mehr zu verbessern. Ich habe dich glücklich gemacht."

Frau Kollermann ringt die Hände und weint.

Rubina denkt: „Sie weint vor Glück" und will weiterschweben, doch wie aus dem Boden gewachsen steht die Oberfee vor ihr.

„Ich habe dich beobachtet", sagt Klarine. „Du hast dem Hatschi den Besen weggezaubert, der Busch-Oma die Wäsche und der Lehrerin die Schulhefte."

„Ja", strahlt Rubina. „Ich habe sie alle von ihren Ärgernissen befreit."

„Gar nichts hast du." Klarine ist sehr böse, denn auch gute Feen verlieren ab und zu die Nerven. „Der Besen, die Wäsche und die Schulhefte müssen sein, auch wenn die Wichtel manchmal darauf schimpfen. Du hast das mit dem Zaubern falsch verstanden!"

Nun hebt Klarine ihren Zauberstab und holt die entschwundenen Gegenstände aus dem Weltall zurück. Hatschi, die Busch-Oma und Frau Kollermann freuen sich wie die Schneekönige. Jetzt erst sind sie wirklich glücklich und bedanken sich bei der guten Fee. Sie können in Ruhe ihre Arbeit weitermachen, auch wenn sie des Öfteren vor sich hin brummeln.

„Du aber kommst auf der Stelle mit nach Hause", befiehlt die Oberfee und gibt Rubina einen Klaps auf den Po. „Du musst mindestens noch hundertzweiundzwanzig Jahre in die Lehre gehen, ehe du richtig zaubern kannst!"

Und so geschieht es dann auch.

Spuk um Mitternacht

Eines Tages kommt Wackelbauch angelaufen. Er ist völlig außer Atem und prustet: „Wisst ihr schon das Neueste? Im alten Kloster wohnt ein Gespenst!"

Natürlich lachen ihn die Wichtel aus.

„Du hast zu viel Labommelschnaps getrunken", sagt Stadtrat Schnauz. „Wer weiß, was du gesehen hast."

Doch Wackelbauch bleibt dabei: Er habe das Gespenst nicht nur gesehen, sondern auch gehört. „Ich bin gemütlich aus der Kneipe gekommen", berichtet er. „Es muss um Mitternacht gewesen sein. Kümmelkorn war nicht dabei. Er hat sich den Fuß verstaucht, als er eine Maus fangen wollte. Die Maus ist über sein Bett gelaufen. Kümmelkorn ist ihr nach, aber – plumps – schon hat, er auf der Nase gelegen. Er ist nämlich über einen Stuhl gestolpert. Jetzt tut ihm sein Fuß weh und er kann nicht in die ‚Rote Zipfelmütze' gehen."

„Das Gespenst", erinnert die Busch-Oma, die auch zuhört, was Wackelbauch zu erzählen hat. „Was ist mit dem Gespenst?"

„Das Gespenst?" Wackelbauch blinzelt und muss nachdenken. Das Gespenst hätte er beinahe vergessen. „Ach ja – also, wie ich am alten Kloster vorbeikomme, höre ich fürchterliche Schreie. So was Schreckliches habe ich noch nie gehört!" Wackelbauch muss sich setzen, so elend fühlt er sich nach diesem Schreck. „Auf der Birke vor dem Tor sitzt etwas Weißes. Ein Gespenst! Es winkt mir mit einer Hand wie aus Nebel. Dann gleitet es vom Baum und führt mich in die verfallene Halle."

„Und dann?" Baldrian und Habakuk hören mit feuerroten Ohren zu.

„Dann bin ich ins Kloster gegangen und hörte ein Wispern und Flüstern – und dann wieder diese unheimlichen Schreie. Einer draußen in der Nacht, der andere gleich neben mir.

„Ja und?", fragen die anderen atemlos.

„Nichts. Ich habe die Besinnung verloren. Als ich wieder zu mir kam, war es hell und ich bin nach Hause gegangen." Er hält sich den Kopf mit beiden Händen. „Ah, mir tut alles weh", stöhnt er. „Ich glaube, das Gespenst hat mir eins auf die Nase gegeben."

„Gespenster pflegen anderen Leuten nicht eins auf die Nase zu geben", meint die Busch-Oma. „Ich kenne mich da aus. Gespenster spuken nur."

Damit ist der Fall für sie erledigt. Auch die anderen winken ab und gehen weiter. Sie sind davon überzeugt, dass Wackelbauch blau gewesen ist und sich alles nur eingebildet hat.

„Wir wollen herausbekommen, ob im alten Kloster wirklich ein Gespenst lebt", sagt Baldrian zu Habakuk. „Heute Nacht schleichen wir uns aus dem Haus und gehen hin."

„Um Mitternacht?", fragt Habakuk und fängt an zu bibbern.

„Genau um Mitternacht", antwortet Baldrian. „Zur Geisterstunde."

Gesagt, getan.

Kurz vor Mitternacht treffen sie sich an der Birke vor dem Klostertor. Bleich und rund scheint der Mond vom Himmel. Gebannt starren Baldrian und Habakuk in die Zweige, doch dort ist kein Gespenst zu sehen und niemand winkt mit weißer Nebelhand.

„Wir gehen hinein", schlägt Baldrian vor.

„Vielleicht hat das Gespenst heute keinen Ausgang."

Habakuk zittert wie Fleischsülze. In das uralte Kloster soll er hineingehen, das so dunkel und riesengroß dasteht, mit seinen hohlen Fenstern und den schiefen Mauern?

„Wenn du Angst hast, gehe ich eben allein!" Baldrian ist mutig. Er fürchtet sich nicht vor Gespenstern. Denen wird er es zeigen, ganz bestimmt.

„Ich komme mit", flüstert Habakuk, zieht den Kopf ein und schleicht auf Zehenspitzen hinter Baldrian her.

Hu, wie dunkel es in dem alten Kloster ist!

Da – was war das?

Etwas Weißes huscht vorbei.

„Es hat mich an der Nase berührt", stammelt Habakuk. „Ich habe es deutlich gespürt. Wie eine Besenborste hat es sich angefühlt."

Nun bekommt auch Baldrian Angst. Jemand fährt ihm übers Ohr. Er spürt einen kalten Luftzug.

„Jetzt habe ich es auch gefühlt", schlottert Baldrian. „Aber es war nicht wie eine Besenborste, sondern wie eine Flaumfeder."

„Wie eine Besenborste", behauptet Habakuk.

„Wie eine Flaumfeder!", schreit Baldrian ihn an.

Sie sind beide böse, weil sie Angst haben und es nicht zeigen wollen. Habakuk springt Baldrian an den Hals. Baldrian wehrt sich und es gibt die saftigste

Rauferei. Bald liegen sie beide mit blauen Flecken auf der Erde und sehen sich um.

„Fast hätten wir das Gespenst vergessen", raunt Baldrian.

„Es ist in der Nähe", stellt Habakuk fest. „Ich höre seinen Atem."

In der Ecke raschelt etwas.

Dort muss das Gespenst hocken. Der Mond scheint hell durch die Fenster.

„Hilfe." Habakuk klappert mit den Zähnen. „Das Gespenst hat glühende Augen und aus seinem Mund sprüht Feuer."

In diesem Augenblick sagt jemand: „Miau – was ist los mit euch?"

Sie klammern sich fest aneinander. „Jetzt geht es los!", denken sie.

Doch die Stimme, die sie angesprochen hat, ist zart und fein. „Seid nicht so laut", sagt sie. „Sonst weckt ihr meine Kinder auf."

Baldrian und Habakuk betrachten die Ecke etwas genauer: Dort sitzt Alabasta, die weiße Katze. Vor ihr im Stroh liegen vier junge Kätzchen.

„Bist du etwa das Gespenst?", fragt Baldrian fassungslos. Er und Habakuk kennen Alabasta, die Katzendame. Früher hat sie in der Schule gewohnt. Doch dann lernte sie den Kater Ladislaus kennen und ist mit ihm ausgezogen: ins alte Kloster, wo sie ihre Jungen bekommen hat.

„Hier gibt es keine Gespenster", antwortet Alabasta und lacht, wie Katzen eben lachen können. „Nur mich gibt es, den Kater Ladislaus und unsere Kinder.

Jetzt geht heim und lasst uns in Ruhe. Es ist eine so wunderbare Vollmondnacht."

Sie stößt einen lauten Schrei aus. Von draußen kommt die Antwort. „Ich liebe dich", heißt dieser Schrei in Katzensprache. Dann miauen sie zusammen: Alabasta und Ladislaus.

Die kleinen Kätzchen piepsen mit und freuen sich, weil die Eltern sich so gut verstehen.

Enttäuscht machen sich Baldrian und Habakuk auf den Heimweg.

„Weißt du", sagt Baldrian und wirft sich in die Brust, „ich hätte mich auch vor dem größten Gespenst nicht gefürchtet."

„Ich auch nicht", schwindelt Habakuk.

Am nächsten Tag erzählen sie überall herum, was für ein schreckliches Gespenst im alten Kloster haust und wie sie mit ihm fertig geworden sind. Sie zeigen die blauen Flecke und alle bewundern Baldrian und Habakuk.

Davon, dass sie sich geprügelt haben, sagen sie natürlich nichts.

Mohn macht dumm

Der Mohn ist reif. Die scharlachroten Blütenblätter sind von den Stängeln gefallen. Jetzt stehen die Kapseln da und warten darauf, geerntet zu werden.

„Machen wir uns an die Arbeit", sagt die Busch-Oma. „Ich brauche den Mohnsamen zum Kochen. Das gibt ein gutes Öl."
Die Wichtel ziehen auf das Mohnfeld: mit Eimern und riesigen Kannen. Viele Tage arbeiten sie. Mit einem geschickten Griff öffnen sie die Kapseln und lassen den Samen herausrinnen. Er schmeckt gut, wenn man davon kostet.

„Aber esst nicht zu viel", warnt die Busch-Oma. „Mohn macht dumm!"

„Das stimmt nicht", widerspricht Frau Kollermann, die Lehrerin. Auch sie hilft mit den Wichtelschülern bei der Mohnernte. „Mohn macht nicht dumm. Er berauscht die Köpfe und macht müde. Das ist alles."

„Das ist schon allerhand", meint die Busch-Oma, „wenn man bedenkt, dass ein Kopf, der zum Denken da ist, sich berauschen kann."

Pippa hört es und winkt Baldrian und Habakuk zu sich.

„Was haltet ihr davon, wenn wir einen Eimer Mohnsamen aufessen?", fragt sie leise. „Heute Abend, wenn alle schlafen gegangen sind. Es muss doch recht lustig sein, einen berauschten Kopf zu haben."

„Was ist denn das – ein berauschter Kopf?", fragt Habakuk.

„Keine Ahnung", antwortet Pippa. „Das müssen wir herausfinden."

„Abgemacht." Baldrian und Habakuk sind einverstanden. Alle drei pflücken sie eifrig um keinen Verdacht zu erregen.

Gegen Abend ist das Mohnfeld abgeerntet. Eimer und Kannen werden zunächst in eine Scheune gestellt. Da stehen sie nun und warten, bis sie abgeholt werden, damit aus dem Samen Öl gemacht werden kann.

Pippa sitzt mit ihren Eltern beim Abendbrot.

„Nachher gehst du aber gleich schlafen", sagt ihre

Mutter und legt ihr noch eine Scheibe gebackene Sellerie auf den Teller. Pippa isst Sellerie sehr gern und kann nicht genug davon kriegen. „Morgen schreibt ihr doch eine Schularbeit, stimmt's?"

„In Geschichte", antwortet Pippa und seufzt. Sie mag Geschichte nicht.

„Worüber müsst ihr denn da schreiben?", erkundigt sich der Vater.

„Darüber, wie die Wichtel ins Tal der Tulpen gekommen sind", erwidert sie. „Das war vor achthundert Jahren ..."

„Vor neunhundert Jahren", verbessert der Vater. Er weiß es genau. Er schreibt nämlich für die Wichtelzeitung und ist ein sehr kluger Mann.

Pippa schneidet eine Grimasse. „Meinetwegen vor neunhundert Jahren", sagt sie. „Da kam Laurentius der Zweite hierher und ..."

„Es war Roderich der Erste." Schon wieder muss der Vater verbessern. „Laurentius der Zweite kam erst viel später. Du bringst alles durcheinander."

Pippa ist beleidigt. Sie schiebt den Teller weg und will nichts mehr essen.

„Am besten, du gehst in dein Zimmer und lernst noch ein bisschen", schlägt die Mutter vor. „Damit du morgen keine Fehler machst."

Pippa geht. Aber nicht in ihr Zimmer, sondern zur Scheune, wo Baldrian und Habakuk auf sie warten.

„Wie das hier riecht." Pippa schnuppert. „Da kriegst du ja schon vom Riechen einen Rausch."

„Toll." Habakuk freut sich und kann es kaum erwarten. „Schade, dass wir keinen Löffel mitgebracht haben."

Doch es geht auch ohne Löffel. Sie suchen sich den größten Eimer aus, setzen sich drum herum und schöpfen mit den Händen den Mohnsamen heraus.

„Hinein!", ruft Baldrian. Sie schütten die bläulich schimmernden Körnchen in den Mund wie Wasser in den Ausguss.

„Das schmeckt aber bitter", stellt Habakuk fest und schüttelt sich.

„Nur am Anfang", tröstet Pippa und nimmt beide Hände um den Mohn aus dem Eimer zu holen. Sie kauen mit vollen Backen. Wie die Hamster sehen sie aus.

„Seid ihr schon berauscht?", fragt Habakuk.

„Mir ist schlecht", antwortet Baldrian und kann nicht mehr. Alles dreht sich wie auf dem Karussell, bloß nicht so lustig. „Mir tut der Bauch weh."

„Und mir mein Kopf", jammert Habakuk.

Auch Pippa macht Pause. Vor ihren Augen flimmert es scharlachrot, als stünde der Mohn noch in voller Blüte.

Dann sehen sie sich mit großen Augen an, sie schielen richtig, so übel ist ihnen, und – rums! – kippen sie um. Ausgestreckt liegen sie zwischen den Eimern und Kannen. Sie fallen in einen tiefen, tiefen Schlaf – wie Dornröschen, nachdem sie sich mit der Spindel in den Finger gestochen hat.

Am nächsten Tag fragt Frau Kollermann die Wichtelkinder: „Habt ihr Pippa, Baldrian und Habakuk gesehen?"

Sie sind nicht in die Schule gekommen. Und keiner hat sie gesehen.

Ihre Eltern kommen aufgeregt angelaufen und sagen, dass die drei spurlos verschwunden sind.

Sofort machen sich die Wichtel auf die Suche. Nirgendwo eine Spur von Pippa, Baldrian und Habakuk.

„Sie sind ausgewandert", stellt der Bürgermeister fest. „Das ist ja eine feine Geschichte!"

„Vielleicht wollen sie sich auch nur um die Schularbeit drücken", überlegt Frau Kollermann, denn sie kennt ihre Pappenheimer.

Plötzlich ruft jemand: „Kommt schnell, sie sind in der Scheune!"

Pippa, Baldrian und Habakuk liegen noch immer bewegungslos vor dem leeren Eimer.

„Die wollten sich wohl einen Rausch anfuttern", sagt die Lehrerin und schüttelt den Kopf. „Dann ist ihnen schlecht geworden und sie sind eingeschlafen."

„Bringen wir sie nach Hause, in ihre Betten", schlagen die Eltern vor.

Fünf Tage und fünf Nächte schlafen die mohnsüchtigen Ausreißer. Das ist eigentlich nicht sehr lang, wenn man bedenkt, dass Dornröschen hundert Jahre geschlafen hat.

Fünf Tage können Pippa, Baldrian und Habakuk nicht in die Schule gehen. Auch die Schularbeit schreiben sie nicht mit.

Die Busch-Oma nickt und sagt: „Ich habe Recht gehabt. Mohn macht dumm!"

Und dabei bleibt sie auch.

Die Verlobung

Die Postministerin hat viel zu tun. Sie ist ja nebenbei auch noch Prinzessin, muss Staatsbesuche empfangen und auch selbst welche machen.

Nun reist sie zu den Wichteln auf dem Blauen Berge um die gute Nachbarschaft zu pflegen. Sie ist noch niemals dort gewesen und schon sehr neugierig.

Im Land der Wichtel auf dem Blauen Berge gibt es keinen König, sondern einen Präsidenten.

Er heißt Obenauf. Präsident Obenauf empfängt Farella. Sie kommt mit dem Flugzeug angeflogen. Das Flugzeug ist die Brieftaube Blanka. Die ist kräftig und hält was aus. Nachdem Blanka gelandet ist, springt Farella von ihrem Rücken. Ein roter Teppich liegt auf dem Flugplatz. Die Ehrengarde ist angetreten.

„Salut!", kommandiert Präsident Obenauf.

Die Soldaten der Ehrengarde schießen die Kanonen ab. Sie sind mit weißen Knallerbsen geladen. Peng, peng, peng – knatter, knatter! Es klingt ganz toll, als die Knallerbsen in den Himmel fliegen.

„Willkommen, Prinzessin", sagt der Präsident und gibt Farella einen Kuss aufs rechte Ohr. Das ist so Brauch bei den Wichteln auf dem Blauen Berge.

„Vielen Dank, Herr Präsident", antwortet Farella und zupft Obenauf an der Nase, denn so begrüßen sich die Wichtel im Tal der Tulpen.

Die Brieftaube Blanka wird in ein Zelt gebracht, wo sie zu essen und zu trinken bekommt. Auch kann sie sich dort ausruhen um frisch für den Rückflug zu sein. Sie steckt den Kopf unter einen Flügel und schläft eine Runde.

Präsident Obenauf führt Farella in den Palast. Der ist kugelrund und bunt kariert. Innen und außen. Das sieht lustig aus. Es gibt ein Festessen zu Ehren des Staatsbesuches.

„Nehmen Sie Platz, Prinzessin", bittet der Präsident. „Wie geht es Ihrem Herrn Papa?"

„Ausgezeichnet", antwortet Farella. „Es ziept ihn im großen Zeh, doch sonst geht es ihm gut. Er lässt Sie grüßen."

Farella und Präsident Obenauf tauschen Höflichkeiten aus. Dann speisen sie. Es gibt gegrillte Steinpilze mit Radieschensalat. Das ist das vornehmste Essen bei den Wichteln auf dem Blauen Berge.

„Es schmeckt lecker", stellt Farella fest. „Kann ich bitte noch eine Portion haben?"

„Sehr gern", erwidert der Präsident und legt ihr noch zwei Scheiben Steinpilz auf den Teller.

Farella gefällt ihm. Und er gefällt Farella. Sie sehen sich tief in die Augen.

„Darf ich Ihnen jetzt den Palastgarten zeigen?", fragt Präsident Obenauf.

„Sehr gern", lispelt Farella. Sie ist verlegen, darum stößt sie mit der Zunge an. „Sehr, sehr gern."

Sie schlendern durch den Park. Viel Farn und Moos wächst da. Der Farn ist höher als die Wichtel. Und die Bäume – riesenhoch!

Plötzlich bleibt Präsident Obenauf stehen. „Wollen Sie meine Frau werden?", fragt er.

Farella schneidet eine Grimasse. „Wie stellen Sie sich das vor?", fragt sie zurück. „Ich bin ja auch noch Postministerin und habe eine Menge Arbeit."

„Das stört mich nicht", meint Obenauf verliebt.

„Aber mich." Farella blickt ihn traurig an. „Sehen Sie, ich muss sehr viel herumreisen. Bin oft mit dem Flugzeug Blanka unterwegs. Auch braucht unsere Post flinke Hände. Uns fehlt ein Oberstempler, der die Briefmarken stempelt. Das ist eine schwere, verantwortungsvolle Arbeit und kann nicht jedem anvertraut werden."

Präsident Obenauf denkt nach. Dann sagt er: „Ich möchte gern Ihr Oberstempler sein, wenn's recht ist."

„Und Ihr Amt als Präsident der Wichtel auf dem Blauen Berge?", fragt Farella zurück.

„Ich werde einen Nachfolger bestimmen", antwortet Obenauf. „Wenn ich Ihr Ehemann würde, könnten wir zusammenarbeiten. Sie als Postministerin, ich als Oberstempler. Falls Ihr Land einen Präsidenten braucht, stehe ich zur Verfügung."

Darauf geben sie sich die Hand. Und dann einen Kuss. Es schmatzt so laut, dass die Blätter des Farnkrauts erschrocken zu wackeln beginnen.

„Jetzt sind wir verlobt", sagt Präsident Obenauf.

Diesmal ist er es, der mit der Zunge anstößt, denn auch er ist verlegen.

Die Neuigkeit spricht sich schnell herum. „Es lebe die Braut!", rufen die Wichtel vom Blauen Berge. „Es lebe der Bräutigam!" Sie hopsen vor Übermut und winken dem jungen Paar zu.

Farella verabschiedet sich. „Auf bald, geliebtes Mäuseschwänzchen", flüstert sie dem Präsidenten zu. Dann steigt sie auf Blankas Rücken, legt die Arme um ihren Hals und fliegt davon.

Dass sie sehr, sehr glücklich ist, brauche ich euch ja wohl nicht zu sagen.

Letsgo kann nicht weinen

Es ist schlimm mit Letsgo. Er tanzt den ganzen Tag, er singt und lacht – aber er kann nicht weinen.

Letsgo kann nicht weinen!

Ob er auf die Nase fällt und sich die Knie blutig schlägt, ob ihm beim Baden am See die Hose stibitzt wird oder er eine Ohrfeige bekommt – Letsgo muss immer und über alles lachen.

„Das ist lustig!", ruft er, wenn ihm ein Missgeschick zustößt. Er hält sich den Bauch und wiehert wie ein übermütiges Pony.

„Hör zu", sagt Timpsi, der Clown, zu ihm. „Ein echter Wichtel muss alles können. Auch weinen."

Ein Clown wie Timpsi versteht was vom Weinen, denn er ist oft traurig. Glaubt bloß nicht, dass ein Clown immer nur lustig ist, o nein.

„Tränen sind wie Diamanten", sagt Timpsi. „Außerdem kommen sie von Herzen." Er legt den Kopf zurück und lässt die Tränen fließen.

Letsgo tippt eine Träne mit dem Zeigefinger an.

„Oh", staunt er, „wie prächtig das funkelt! Ich will auch Tränen weinen."

Doch das kann er eben nicht. Die Wichtel tun alles um den armen Letsgo zum Weinen zu bringen.

„Huhu", heult Baldrian. „Der Wald ist abgebrannt!"

„Hahaha", lacht Letsgo und strampelt vor Wonne mit den Beinen. „Ich lach mich kaputt."

Auch Habakuk will versuchen Letsgo zum Weinen zu bringen. „Die Menschen bauen eine Straße durch unser Tal", schwindelt er.

„Wir müssen fort von hier."

„Hahaha", lacht Letsgo.

„Dein Haus ist eingestürzt", flunkert Hannele. „Es ist nur noch ein Steinhaufen."

Letsgo kugelt sich vor Lachen.

„Dir wächst ein drittes Bein", sagt Doktor Pimpernell, was natürlich nicht stimmt. „Wenn ich dich genau betrachte, sehe ich, dass du eine zweite Nase kriegst."

„Hahaha!"

„Unser Bach hat aufgehört zu fließen", verkündet der Bürgermeister. „Wir müssen alle verdursten."

„Hahaha!"

„Keiner von uns kann dich leiden", behauptet Don Kilotte. „Wir werden dich verprügeln."

„Hahaha!"

Die Busch-Oma hat eine Idee. Sie sagt: „Ich koche heute Pollengulasch mit Preiselbeeren. Ist das nicht dein Lieblingsessen?" Letsgo nickt eifrig. „Zum Gulasch brauche ich Zwiebeln", fährt die Oma fort und stellt einen Korb voller Zwiebeln auf den Tisch. „Die musst du mir schneiden."

„Alle?", fragt Letsgo entgeistert.

„Alle", antwortet die Busch-Oma, legt ein Messer daneben und blinzelt den anderen zu.

„Viel zu viel Arbeit", meutert Letsgo. „Ich streike."

„Du wirst die Zwiebeln schneiden", sagt die Busch-Oma energisch. „Oder es gibt kein Pollengulasch."

„Für Pollengulasch tu ich alles", sagt Letsgo, nimmt das Messer und beginnt zu schneiden.

Die Wichtel stehen herum und sehen gespannt zu. Bald tränen ihnen die Augen, weil die Zwiebeln so scharf sind. Sie müssen sich die Nase schnauben. Es klingt wie ein gewaltiger Trompetenstoß.

Nur einer weint nicht. Wisst ihr, wer? Ganz recht: Letsgo. Er schneidet und schneidet und vergießt keine einzige Träne. Im Gegenteil: Er lacht.

„Zwiebeln schneiden geht schnell", ruft er. „Seht doch mal: Ich schneide wie eine Maschine."

Wirklich: zack, zack, zack! Bald sind alle Zwiebeln klein gehackt. Seine Freunde haben inzwischen so viele Tränen vergossen, dass sie mit den Füßen im Wasser stehen. Sie kriegen ihre Augen kaum noch auf.

„Es hat keinen Zweck", sagt die Busch-Oma und wischt sich mit dem Taschentuch über das Gesicht. „Letsgo kann auch jetzt nicht weinen. Mir ist schon ganz übel, so sehr brennen mir meine Augen. Am besten, wir gehen nach Hause."

Letsgo legt das Messer auf den Tisch und steht wie erstarrt vor dem Berg gehackter Zwiebeln. „Und was ist mit dem Pollengulasch?", fragt er.

„Fällt aus wegen Tränen", erwidert die Busch-Oma. „Gute Nacht."

Da springt Letsgo mit einem Satz auf den Tisch, er trampelt auf den Zwiebeln herum und er brüllt: „Nein, nein, nein!"

Und aus seinen Augen fließen dicke Tränen.

„Hurra", freuen sich die Wichtel, „Letsgo weint."

Wirklich und wahrhaftig: Er weint, weil er kein Pollengulasch bekommen soll. Bald sind die Zwiebeln ganz nass.

„Was ist das?", fragt er und wischt sich mit der Hand über die Wange. „Weine ich?" Als die anderen ihm zunicken, springt er vom Tisch, lacht und tanzt und ruft: „Ich bin ja so glücklich, dass ich weinen kann!"

Die Busch-Oma aber kocht ihr Pollengulasch. Und es schmeckt wun-der-bar!

Trullipuck will fliegen

Larifari hat eine Erfindung gemacht: Und das ist ein großer Ballon, mit dem man in die Luft steigen kann. Da es im Land der Wichtel keine Flugzeuge gibt, ist eine solche Erfindung eine ganz besondere Sache.

Der Ballon ist auf der Waldwiese festgemacht. Er schaukelt hin und her. Feuerrot ist er und sieht aus wie eine riesige reife Tomate. An der Riesentomate hängt ein Korb, in den man einsteigen kann.

„Wer will damit fliegen?", fragt Larifari.

Die Wichtel stehen unentschlossen herum und trauen sich nicht. Trullipuck, der kleine Waldschrat, hockt auf einem Baum und schaut zu. Die Sache gefällt ihm. Er braucht gar nicht lange zu überlegen.

„Ich!", ruft er und springt mit einem Satz in den Korb.

„Es ist aber nicht ungefährlich", warnt Larifari. Er zeigt auf eine schwere, dunkle Wolke, die langsam näher kommt. „Sieht aus, als bekämen wir ein Gewitter."

„Ich fürchte mich nicht", prahlt Trullipuck. „Ihr werdet schon sehen: Ich kann fliegen wie ein Engel."

Nun, wie ein Engel sieht Trullipuck nicht gerade aus mit seinen kleinen Hörnern und behaart, wie er ist, von oben bis unten.

Larifari macht die Leinen los – und aufwärts geht's.

„Du hast es so gewollt", meint er und zuckt mit den Achseln. „Guten Flug, Trullipuck."

Der Ballon steigt höher und höher, gleitet sanft dahin und fliegt davon. Bald sieht er nur noch wie ein Stecknadelkopf aus.

„Ich fliege in den Himmel", jubelt Trullipuck. „Hurra, ich grüße alle, die mich sehen!"

„He, was schreist du hier oben herum?!", brummelt die dicke, dunkle Wolke, die es anscheinend sehr eilig hat. „Geh aus dem Weg. Ich muss gewittern."

Trullipuck bekommt einen Schreck. „Aber doch nicht jetzt, wo ich in den Himmel fliegen will", protestiert er.

„Doch", sagt die Wolke. „Genau jetzt."

Sie verfärbt sich mehr und mehr. Nun sieht sie rabenschwarz aus. Ein Wind kommt auf und bläst fürchterlich. Der Ballon schwankt hin und her wie ein Schiff auf hoher See. Ein greller Blitz fährt durch die dunkle Wolke. Es donnert so laut, dass Trullipuck sich entsetzt die Ohren zuhält.

„Aufhören!", schreit er. „Lass mich durch, du blöde Wolke, ich habe Angst!"

Doch es hilft ihm nichts. Er steckt mitten im Unwetter. Da – was ist das? Ein Felsen kommt näher. Es dauert eine Weile, ehe Trullipuck begreift: Es ist

nicht der Felsen, der ihm entgegenkommt, sondern der Ballon treibt auf den Felsen zu. Hui, der Wind bläst ihn voran. Der Ballon knallt gegen die schroffe Felswand und zerplatzt. Trullipuck wird aus dem Korb geschleudert und landet in etwas Weichem, das in einer Felsenkuhle festgemacht ist.

Ein Vogelnest! Einige Eier liegen darin. Sie sind sehr groß. „Prost Mahlzeit", seufzt Trullipuck und versucht es sich bequem zu machen. Doch das geht nicht, denn nun fängt es auch noch zu regnen an. „Hier kann ich sitzen, bis ich schwarz werde!" Zwar versteht er ein bisschen was von Zauberei, aber das reicht nicht um von hier wegzukommen. Selbst wenn er sich unsichtbar macht und in eine Nebelwolke auflöst, hängt er zwischen den Felsen fest.

Langsam verzieht sich das Gewitter. Die schwarze Wolke regnet sich leer. Es wird still. Die Sonne kommt wieder.

Trullipuck sieht sich um. Allmächtiger – er ist so hoch oben, dass er nicht mal daran denken kann, hinunterzuklettern. Vom Tal der Tulpen ist nichts mehr zu sehen.

Plötzlich fällt ein Schatten auf das Nest. Erschrocken hebt Trullipuck den Kopf. Ein mächtiger Vogel kommt angeflogen und lässt sich auf dem Nestrand nieder. Es ist ein Adler.

„Was machst du in meinem Nest?", schreit der Adler ihn empört an. „Du hast hier nichts verloren. Verschwinde gefälligst!"

„Das geht nicht", jammert Trullipuck. „Ich kann doch nicht fliegen wie du."

„Wie bist du dann heraufgekommen?" Der Adler legt den Kopf zur Seite und sieht ihn scharf an.

„Ich-ich ...", stammelt Trullipuck.

„Du bist mit dem Ballon geflogen", sagt der Adler und hackt mit seinem Schnabel nach Trullipuck, doch zum Glück nicht so, dass es wehtut. „Ich habe alles gesehen. Ihr Wichtel seid ein unverschämtes Völkchen und solltet das Fliegen lieber uns Vögeln überlassen."

„Ich bin kein Wichtel", sagt Trullipuck. „Ich bin ein Waldschrat."

„Aber du gehörst zu ihnen", kreischt der Adler, packt den armen Trullipuck mit seinen Klauen und fliegt mit ihm davon. Weit über Berge und Täler.

„Lass mich los, lass mich los", schreit der Waldschrat und zappelt, doch es hilft ihm nichts. Der Adler fliegt weiter, als suche er eine besonders tiefe Schlucht, in die er Trullipuck hinabwerfen kann. „Ich will auch nie, nie wieder in dein Nest eindringen", verspricht Trullipuck und macht die Augen fest zu, weil er denkt: Nun geht es mit ihm zu Ende.

„Du hast Glück", sagt der Adler. „Ich bin heute nämlich guter Laune, weil wir dabei sind, eine Familie zu gründen. Unser Nachwuchs wird bald kommen. Wir werden kleine, hübsche Adlerkinder haben. Und darum will ich mit dir gnädig sein."

„Wie schön", japst Trullipuck. „Dann lass mich doch bitte runter!"

„Zu Befehl", höhnt der Adler und lässt Trullipuck fallen. Direkt über dem Tulpenfeld. Er purzelt zwischen die Blumen, auf die weiche Erde.

Aufgeregt kommen die Wichtel angelaufen. Sie haben sich Sorgen um Trullipuck gemacht, haben gewartet und Ausschau gehalten. Jetzt sind sie froh, dass er wieder gesund und munter bei ihnen ist.

„Das ist ja noch mal gut gegangen." Larifari freut sich. „Als Nächstes werde ich ein Flugzeug erfinden, das ..."

Trullipuck springt auf und schreit: „Lass mich bloß mit deinen Erfindungen zufrieden!"

Dann rennt er davon, als wären zehn Teufel hinter ihm her.

Masern machen Spaß

„Moosröschen", sagt Frau Kollermann, die Lehrerin. „Schreibt das Wort ‚Moosröschen' in euer Heft. Aber schreibt es richtig."

Die Wichtelkinder senken die Köpfe über die Schulhefte und buchstabieren:

„M-o-o-s-r-ö-s ..."

„Baldrian", unterbricht Frau Kollermann, „was hast du?"

Baldrian hat den Kopf auf die Arme gelegt und schnauft wie ein Nilpferd, das aus dem Wasser steigt.

„Mir ist schlecht", jammert er.

Frau Kollermann befühlt seine Stirn. Die ist ganz heiß!

„Du hast Fieber", sagt sie. „Am besten, du gehst nach Hause."

Baldrian packt seine Sachen zusammen, zieht die Zipfelmütze über die Ohren und stapft davon.

Zu Hause steckt ihn die Mutter sofort ins Bett. Nun hat er schon überall rote Flecke.

Doktor Pimpernell muss kommen. Er untersucht Baldrian. Der muss die Zunge rausstrecken, „aaaa"

sagen und tief aus- und einatmen, während der Doktor mit einem Hörrohr seinen Rücken abhört.

„Das Rohr ist kalt", beschwert sich Baldrian.

„Es ist ja auch aus Metall", sagt der Doktor. „Und du hast die Masern. Gute Nacht!"

Und dabei ist es heller Vormittag.

Baldrian muss im Bett bleiben, viele Tage lang.

Habakuk besucht ihn.

„Wie geht's dir, du Backpflaume?", begrüßt Habakuk seinen Freund.

„Ich bin keine Backpflaume", sagt Baldrian und fühlt sich gekränkt. „Backpflaumen kriegen keine Masern."

„Guck mal, was ich kann!" Habakuk macht einige Purzelbäume vor und zurück. „Wenn ich mir Mühe gebe, schaffe ich dreiunddreißig hintereinander, quer über die Wiese."

„Toll", brummt Baldrian. Er ärgert sich, dass Habakuk Purzelbäume über die Wiese machen kann, während er, Baldrian, im Bett liegen muss. „Wenn ich wieder gesund bin, mache ich vierhundertvierundvierzig Purzelbäume", prahlt Baldrian. „Über fünf Wiesen."

„Angeber!" Habakuk stupst ihn an.

Baldrian stupst zurück. „Na warte", ruft er, „jetzt stecke ich dich an!" Er fährt hoch wie der Teufel aus der Kiste, legt die Hände hinter die Ohren, verdreht die Augen und streckt seine Zunge heraus.

Habakuk erschrickt und rennt davon. Baldrian lacht hinter ihm her.

„Masern machen Spaß", sagt Baldrian zur Mutter, als sie kommt und nach ihm sieht. „Man kann prima Leute erschrecken."

„Das lass mal lieber sein", antwortet die Mutter. „Werde du erst wieder gesund."

Am Abend gehen die Eltern zur Busch-Oma. Die hat Geburtstag und der muss gefeiert werden. Baldrian bleibt allein zu Haus. Er langweilt sich. Es ist ganz finster, nur der Mond scheint ins Zimmer. Plötzlich raschelt etwas. Das kommt aus der Küche. Kein Zweifel: ein Einbrecher!

Aber Baldrian darf ja nicht aufstehen. Und so wartet er gespannt, was passieren wird.

Jemand knabbert in der Küche. Baldrian hört es ganz deutlich. „Schnurps-schnurps" macht es und „knabber-knabber".

Der Einbrecher futtert die Nüsse auf, die Vater und Mutter für den Winter eifrig gesammelt haben.

Baldrian denkt an die Himbeerbonbons auf dem Nachttisch neben seinem Bett. Hannele hat sie ihm gebracht.

Da – Hilfe! –, ein Kopf mit schwarzen Knopfaugen

schiebt sich durch den Vorhang, der die Küche von seinem Zimmer trennt.

„Ist da jemand?", lispelt eine Stimme.

Baldrian antwortet nicht. Er weiß, wer der Einbrecher ist. Kein anderer als Frederiko, das Eichhörnchen.

Frederiko ist ein Spitzbube. Er stibitzt alles, was herumliegt.

Und es liegt sehr viel herum im Land der Wichtel. Wie zum Beispiel Baldrians Himbeerbonbons.

Leise, ganz leise schlüpft Frederiko ins Zimmer. Er schnuppert, riecht die Bonbons und schon sitzt er auf dem Nachttisch.

„Huuu!", schreit Baldrian, springt auf, schneidet Grimassen und verdreht die Augen. „Ich bin ein Gespenst. Wer Nüsse und Bonbons klaut, bekommt es mit mir zu tun!"

Frederiko sitzt vor Schreck wie erstarrt und streckt die winzigen Händchen abwehrend aus. Nun scheint der Mond voll ins Zimmer und beleuchtet Baldrians rotgeflecktes Gesicht. Es sieht zum Fürchten aus.

„Tu mir nichts", fleht Frederiko, „ich will auch nichts stibitzen. Ehrenwort: nie, nie mehr!" Mit einem Satz springt er zur Tür hinaus und hätte sich fast den buschigen Schwanz eingeklemmt.

„Hahaha", lacht Baldrian und schiebt sich eine Hand voll Himbeerbonbons in den Mund, „Masern machen Spaß!"

Am nächsten Tag werden die roten Flecke weniger und am übernächsten sind sie weg. Baldrian ist gesund. Bald muss er wieder zur Schule.

„So", begrüßt ihn Frau Kollermann „da bist du ja endlich wieder. Wo waren wir stehen geblieben? Richtig, bei den Moosröschen. Komm an die Tafel, Baldrian, und zeige mir, wie du das Wort schreibst."

Baldrian geht zur Tafel.

„Mooshöschen" schreibt er statt „Moosröschen".

Die Lehrerin stöhnt tief auf. Sie legt den Kopf auf den Arm.

„Haben Sie was?", erkundigt sich Baldrian.

„Mir ist schlecht", erwidert Frau Kollermann.

Baldrian legt die Hand auf ihre Stirn und sagt: „Sie haben Fieber. Am besten, Sie gehen nach Hause."

„Jaaaa!", brüllt die Klasse begeistert.

Die Lehrerin hat die Masern.

Den ganzen Tag können die Wichtel nun herumtollen und brauchen nichts zu lernen.

Baldrian freut sich. „Habe ich es nicht gesagt?", fragt er und lacht.

„Masern machen Spaß!"

„Genau", stimmen die anderen zu. Und dann purzeln sie alle miteinander über die Wiese.

Die geheimnisvolle Kiste

Pippa hat einen Onkel. Er heißt Schmalfuß, obwohl er dick und kugelrund ist. Wenn er geht, sieht er aus wie ein hopsender Gummiball. Nur der Zipfel seiner Mütze schwenkt dabei hin und her.

Onkel Schmalfuß isst gern und viel. Er kann nicht genug kriegen. Sein Bauch wölbt sich, als hätte er einen Fußball verschluckt.

Eines Tages ruft Onkel Schmalfuß die kleine Pippa zu sich und sagt: „Mein Kind, ich bin nun eintausendzweihundertfünf Jahre alt. Es wird Zeit für mich Abschied zu nehmen und mich auf die große Reise ins Wichtelparadies zu machen."

Ins Wichtelparadies kommen jene Wichtel, die sterben.

„Ach, Onkel", sagt Pippa, „so alt bist du doch gar nicht!"

Der Onkel hebt die Hand und gebietet Schweigen.

„Wenn ich ins Wichtelparadies gehe", verkündet er, „dann wirst du alles erben, was mir gehört."

Nun, viel gehört ihm nicht, dem Onkel Schmalfuß. Sein kleines Haus ist fast leer. Da stehen nur ein Bett, ein Stuhl, ein Tisch und ein Schrank.

Ach ja, noch etwas steht da in der Ecke: eine große Kiste. Sie ist fest verschlossen und keiner darf sie öffnen.

Nicht mal Pippa. Über diese Kiste wurde schon viel gerätselt. Was mochte darin sein? Gold, Diamanten, ein kostbarer Schatz? Onkel Schmalfuß ist viel in der Wichtelwelt herumgereist und hat irgendwas gesammelt. So viel ist bekannt. Nur weiß keiner, was er gesammelt hat.

„Hiermit kannst du die Kiste öffnen, wenn es so weit ist." Onkel Schmalfuß übergibt Pippa einen Schlüssel, der fast genauso groß ist wie er selbst.

Dann lässt er sich aus der Tulpenwiesen-Konditorei einen Zwetschgenkuchen kommen, drei Tassen heiße Schokolade, eine Portion Schlagsahne und zwei Stück Buttercremetorte. Er sitzt im Bett und isst alles auf. Dann schlägt er sich mit den Händen auf den Bauch, sagt: „Gute Nacht, Freunde", dreht sich auf die andere Seite und gibt keinen Mucks mehr von sich.

Onkel Schmalfuß ist ins Wichtelparadies gegangen.

Pippa weint ein bisschen, denn sie hat den alten Fresssack ganz gern gehabt. Dann trommelt sie die anderen Wichtel zusammen und sagt ihnen, was geschehen ist. Alle kommen um Onkel Schmalfuß zu betrauern. Sie drängeln sich in der kleinen Stube, stehen vor dem Haus, die ganze Wiesenstraße entlang, und flüstern miteinander.

„Die Kiste", erinnert die Busch-Oma. „Du solltest nachsehen, Pippa, was in der Kiste ist."

„Jaja, mach sie endlich auf", ruft Habakuk und platzt fast vor Neugier.

„Ich weiß nicht." Pippa hält den Schlüssel in den Händen und fürchtet sich ein wenig vor der Kiste.

„Wir wollen wissen, was drin ist", drängt Baldrian.

Und Hannele sagt: „Vielleicht Gold und Edelsteine. Pass auf, Pippa, du wirst das reichste Mädchen im Land und dann kannst du einen Prinzen heiraten."

„Ich weiß nicht", sagt Pippa noch einmal und der Schlüssel in ihrer Hand zittert ein wenig. Aber es muss sein! Vorsichtig steckt sie ihn in das verrostete

Schloss und schließt auf. Die Kiste ist nun offen. Aber der Deckel ist so schwer, dass sie ihn allein nicht hochheben kann. Baldrian und Habakuk müssen helfen.

„Eins, zwei, drei – hau ruck!"

Es knarrt, als öffne sich das Tor eines Gespensterschlosses.

Alle Augen richten sich gespannt auf die Kiste. Was ist das? Sie ist bis zum Rand gefüllt mit kleinen, bunten Figuren, wunderschön anzusehen. Sind es kunstvoll geformte Edelsteine?

„Es sind kleine Bären", stellt Baldrian fest.

„Gummibärchen", ruft Pippa erstaunt. „Die ganze Kiste ist voller Gummibärchen!"

Na, so was, da hat der alte Onkel Schmalfuß nichts anderes gesammelt als – Gummibärchen.

„Seht mal an." Doktor Pimpernell findet als erster seine Sprache wieder. „Er war eben doch ein Kunstkenner, unser alter Freund Schmalfuß. Da kann man nichts machen."

Doch Pippa ist die Kunst egal. Sie will die Gummibärchen aufessen. Weil sie das allein nicht schafft, lädt sie alle Wichtelkinder ein ihr dabei zu helfen.

Sie scharen sich um die Kiste, greifen mit beiden Händen hinein, futtern und futtern und können gar nicht mehr aufhören.

„Die grünen schmecken nach Waldmeister", stellte Hannele fest, „die gelben nach Zitrone."

„Die roten schmecken nach Himbeeren", findet Habakuk.

„Und die blauen nach – nach..."

Baldrian überlegt. Weil er nicht richtig feststellen kann, wonach die blauen Gummibärchen schmecken, muss er immer wieder probieren.

Am Abend haben die Wichtelkinder Bauchschmerzen. Sie jammern und klagen.

„Was für ein Leichtsinn", sagt Doktor Pimpernell. „Diese Gummibärchen waren ein kostbarer Kunstschatz, den Onkel Schmalfuß ein Leben lang gesammelt hat. Kunstschätze aber gehören ins Museum und nicht in den Bauch der Wichtelkinder."

Doch es ist zu spät. Alle Gummibärchen sind aufgegessen. Nicht ein einziges ist übrig geblieben.

Ach ja, es ist eine merkwürdige Sache mit Kunstschätzen, die so gut schmecken.

Su-Su-Supermarkt

Baldrian hat sich in die Speisekammer geschlichen. Dort steht ein Glas mit Honig. Er steckt den Finger hinein und schleckt ihn ab. Das darf er natürlich nicht. Es ist auch nicht besonders appetitlich.

„Hab' ich dich erwischt!" Wie aus dem Boden gewachsen steht die Mutter vor ihm. „Schluss jetzt mit der Nascherei!" Sie schiebt Baldrian aus der Speisekammer. „Geh lieber zum Supermarkt und bringe mir Tannenzapfenmehl. Ich möchte einen Kuchen backen. Hier hast du einen Wichteltaler. Aber verliere ihn nicht."

„Och", mault Baldrian. Viel lieber hätte er mit Habakuk Fußball gespielt.

Doch die Mutter bleibt unerbittlich. „Habakuk kann dich begleiten", schlägt sie vor. „Aber bleibt mir nicht vor dem Honigregal hängen. Genascht wird heute nicht mehr! Basta."

Baldrian geht mit Habakuk zum Supermarkt. Sie kicken mit einer Kastanie, die vom Baum gefallen ist und die sie als Fußball benutzen. So kommen sie zum Supermarkt. Dort herrscht reges Gedränge, denn es ist Wochenende und die Wichtel wollen noch schnell etwas einkaufen. Zum Beispiel Wildkirschmarmelade, Eichelbrot oder Gänseblümchenpastete. Die schmeckt besonders lecker.

„Guck mal, da." Habakuk zeigt auf ein Regal, in dem viele Gläser stehen. In den Gläsern funkelt es wie Bernstein.

„Baumblütenhonig, hmmmm!" Habakuk verdreht die Augen vor Wonne.

Auch Baldrian leckt sich die Lippen. „Fichtenna-
delhonig", liest er auf dem Etikett. „Palmkätzchen-
honig – das wird ja immer besser!"

Das Wasser läuft ihnen im Mund zusammen. Doch
leider dürfen sie keinen Honig kaufen.

Das Geld reicht sonst nicht für das Tannenzapfenmehl. Und heimlich ein Glas stibitzen geht auch
nicht. Schade.

Aber eine Rolltreppe gibt es im Supermarkt. Larifari hat sie erfunden und sie geht ganz ohne Strom.
Nur mit Batterie. Was für eine großartige Erfindung!

Baldrian und Habakuk fahren mit der Rolltreppe
eine Etage höher, wo sie eigentlich nichts zu suchen
haben, denn die Lebensmittelabteilung befindet sich
im Erdgeschoss. Sie fahren hinauf und auf der anderen Seite wieder hinab. Rauf und runter, rauf und
runter. Sie vergessen die Zeit.

„Schau, was ich hier habe!" Habakuk holt einen
Beutel aus der Tasche. Ein braunes Pulver ist darin.

„Was ist das?", erkundigt sich Baldrian.

„Juckpulver", antwortet Habakuk. „Selbst gemacht
aus Brennnesselspitzen."

Sie nehmen eine Prise zwischen die Finger, legen sie in die offene Hand und pusten sie einer Wichtelfrau in den Nacken.

Es dauert nicht lange, da beginnt die Frau sich zu kratzen. „Huch", ruft sie, „ich glaube, ich habe mir einen Floh eingefangen!"

Auch zwei Männer kratzen sich. Und die Kinder. Überhaupt alle, die in Baldrians und Habakuks Nähe sind. Sie schütteln sich und springen von einem Bein aufs andere. Zuerst juckt es sie am Rücken, dann am Bauch und bald darauf überall, am ganzen Körper.

„Hihihi", lachen die zwei Lauselümmel. Doch dann erwischt es auch sie. Es juckt und zuckt, es kratzt und beißt. Alle Wichtel rennen nun durcheinander und purzeln die Treppe hinunter. Unten angekommen, versuchen sie schleunigst den Ausgang zu erreichen. Das ist bei dem Gedränge nicht so einfach. Es gibt ein heftiges Geschubse und Gerangel.

Mit voller Wucht fliegen Baldrian und Habakuk gegen das Regal mit den Honiggläsern. Es knallt und hört sich an wie ein Schuss. Das Regal fällt um, die

Gläser zerbrechen und der Honig fließt heraus. Die zwei rutschen aus und landen mit ihrem Hinterteil in der immer größer werdenden Honigpfütze.

Stadtrat Schnack kommt vorbei, mit Stadtrat Schnauz. Sie sehen die Übeltäter im Honig sitzen und bleiben stehen.

„Natürlich immer dieselben!", ruft Stadtrat Schnauz. „Ich habe alles gesehen: Ihr habt Juckpulver gestreut."

„Das kann ich bezeugen." Schnack hebt den Zeigefinger, wie es Leute tun, die sich wichtig vorkommen. „Zur Strafe werdet ihr bleiben, wo ihr seid, und im Supermarkt eingesperrt. Die ganze Nacht."

„Nein, nein", zetern Baldrian und Habakuk und zappeln wie verrückt. „Wir müssen Tannenzapfenmehl kaufen."

„Zu spät", sagt Stadtrat Schnauz. „Der Supermarkt wird jetzt geschlossen."

„Komm, wir laufen weg!", flüstert Baldrian dem Habakuk ins Ohr.

Doch als die beiden aufstehen wollen, merken sie, dass sie am Boden festkleben.

Die Wichtel stehen herum und lachen sie aus.

Baldrian und Habakuk sitzen da wie angewachsen und machen dumme Gesichter. Überall klebt es. Igitt, ist das scheußlich!

„Jetzt haben wir Honig, so viel wir wollen", japst Habakuk.

„Aber den allermeisten haben wir am Hosenboden." Baldrian schnieft, weil er am liebsten heulen möchte. Doch den Gefallen tut er den Schaulustigen nicht. Die stehen noch immer herum und lachen über sie.

„Was ist denn hier los?" Baldrians Mutter erscheint und stemmt die Hände in die Hüften, als sie die Schlingel im Honig sitzen sieht. „Habe ich nicht gesagt, ihr sollt euch vom Honigregal fernhalten?"

Baldrian und Habakuk antworten nicht. Sie senken die Köpfe.

„Und wo, bitte schön, ist mein Tannenzapfenmehl?", erkundigt sich die Mutter.

Wieder keine Antwort. Da spuckt sie in die Hände, packt Baldrian und Habakuk beim Kragen und marschiert mit ihnen heimwärts. Sie hinterlassen eine lange Honigspur. Dann werden sie in die Badewanne gesteckt und tüchtig abgeschrubbt.

„Eines weiß ich ganz sicher", sagt Baldrian, während er mit dem Badetuch abgerubbelt wird.

„Honig mag ich keinen mehr."

„Das will ich hoffen", meint die Mutter und guckt ganz streng.

„Du wirst gefälligst überhaupt nicht mehr naschen, mein Junge."

Doch als es Nacht wird und alle im Haus schlafen, schleicht er sich wieder in die Speisekammer, holt die Keksdose vom obersten Brett und schlägt sich den Bauch voll.

„Kekse schmecken fein", murmelt Baldrian und grinst. „Und was das Schönste ist: Sie kleben nicht!"

Farellas Hochzeit

Ich denke nicht daran!", ruft Farella und stampft mit dem Fuß auf. „Wenn ich heirate, soll es lustig sein und nicht feierlich."

„Aber du bist meine einzige Tochter." Auch König Tulipan stampft mit dem Fuß auf. „Ich will eine große Hochzeit. Im ganzen Land müssen Fahnen wehen und die Ehrengarde soll aufmarschieren und die Kanonen werden schießen."

„Da habe ich auch noch ein Wörtchen mitzureden", mischt Obenauf sich ein. „Schließlich bin ich der Bräutigam." Er ist aus dem Land der Blauen Berge ins Tal der Tulpen gekommen um hier, an Farellas Seite, Oberstempler auf dem Postamt zu werden. „Wir wollen eine lustige Hochzeit." Nun stampft er ebenfalls mit dem Fuß auf, weil er ärgerlich ist. „Ohne Ehrengarde, Fahnen und Kanonen."

„Aber du sollst doch später mal König werden", wendet Seine Majestät ein.

„Das werde ich nicht", widerspricht Obenauf. „Könige sind unmodern."

„Was?", schreit der König empört.

„Geh du mal Pingpong spielen, Väterchen, das kannst du so gut", schmeichelt Farella. „Wir geben in der Wiesenzeitung kund und zu wissen, dass Obenauf und ich heiraten. Wer kommen will, soll kommen. Dann feiern wir im Schlosshof ein Fest. Larifari kann uns unterhalten und ein bisschen zaubern. Das Elfenballett wird tanzen. Das kann sehr lustig werden."

Nach langem Hin und Her ist der König einverstanden.

Am nächsten Tag können die Wichtel in der Zeitung lesen:

„Achtung, Achtung!

Farella, Prinzessin und Postministerin, heiratet morgen den Oberstempler und ehemaligen Präsidenten Obenauf wegen Liebe. Wer kommen will, ist eingeladen."

Das gibt eine große Aufregung, denn natürlich wollen fast alle Wichtel kommen.

Am nächsten Tag wird das Brautpaar von der ältesten Fee, Klarine, getraut. Das ist so der Brauch. Sie stehen unter der knorrigen Hochzeitseiche und tauschen die Ringe. Danach geben sich Farella und Obenauf einen Kuss.

Im Schlosshof versammeln sich die Hochzeitsgäste, es sind sehr viele. Zwischen zwei steinernen Löwen ist eine Bühne aufgebaut. Larifari soll hier auftreten. Er hat Lampenfieber und zieht zitternd seinen langen, schwarzen Samtmantel an, auf den goldene Sterne gestickt sind. Die Busch-Oma hat ihn vor vielen, vielen Jahren genäht, als Larifari noch ein ganz junger Zauberlehrling gewesen ist.

Nun betritt er die Bühne, mit seinem Zylinder und dem Zauberstab. Der Zylinder ist leer. Das Publikum kann sich davon überzeugen, dass nichts darin ist, nicht mal das kleinste Stäubchen.

„Ich werde bunte Tücher herauszaubern", verkündet Larifari stolz, denn er beherrscht sein Handwerk, auch hat sich das Lampenfieber gelegt.

„Hokus, pokus, fidibus!" Er zieht ein Tuch heraus, dann noch eines und noch eines – aus dem leeren Zylinderhut! Aber dann, was ist das? Dann kommt kein Tuch mehr, sondern aus dem Zylinder hüpft ein Kaninchen.

Ein gelbes. Danach ein grünes, ein rotes und ein buntgestreiftes.

Larifari steht wie erstarrt. Wo kommen die Kaninchen her? Die gehören nicht in sein Programm! Er zaubert nur bunte Tücher – und keine Kaninchen. Es werden immer mehr und mehr. Der Zylinder wird nicht leer. Die Kaninchen hoppeln über die Bühne, die Treppe hinab in den Schlosshof. Das gibt ein Geschrei und Gejuchze.

Larifari schaut sich um. Er ist ganz blass. Da sieht er auf einem der steinernen Löwen eine Gestalt hocken. Mit gekreuzten Beinen wie ein Schneider.

Es ist Trullipuck, der kleine Waldschrat.

„Du?", fragt Larifari und gerät fast außer sich.

„Genau", antwortet Trullipuck quietschvergnügt.

„Warum zauberst du mir Kaninchen in meinen Zylinderhut?", erkundigt sich Larifari.

„Zur Strafe, weil ich mit deinem blöden Ballon fliegen musste", antwortet Trullipuck und grinst, dass seine Zähne blitzen.

„Aber du wolltest doch freiwillig fliegen", stammelt Larifari.

Trullipuck zuckt mit den Achseln und schnippt mit dem Finger. Von allen Seiten hoppeln Kaninchen herbei.

„Zaubere sie augenblicklich zurück!", befiehlt der König.

„Das kann ich nicht", stöhnt Larifari. Er tupft sich mit einem Tuch die Schweißperlen von der Stirn und zeigt auf den Löwen. Doch der verflixte Trullipuck hat sich unsichtbar gemacht.

„Was bist du bloß für ein Zauberer?", ruft Doktor Pimpernell. „Ein Kaninchen aus dem Zylinder, gut und schön, aber hunderte? Das ist zu viel!"

Unzählige Kaninchen hopsen mittlerweile herum, schnuppern und mümmeln.

Die Wichtel müssen aufpassen, dass sie die Tiere nicht treten.

Larifari flieht von der Bühne.

Nun soll das Elfenballett kommen. Solotänzerin ist Wolkenweiß. Aber auch Dornenblüte, Sonnenfalter und Tautropfen können wundervoll tanzen. Sie schweben über die Bühne wie eine rosarote Abendwolke.

Doch dann kommen ihnen die Kaninchen zwischen die Beine und sie fallen auf die Nase.

„Das ist ungeheuerlich", entrüstet sich Wolkenweiß. „Elfen, die beim Tanzen auf die Nase fallen, hat es noch nie gegeben! Wir werden Larifari die Ohren lang ziehen."

Sie schweben herab und wollen sich auf den armen Zauberer stürzen. Da meckert etwas wie ein Ziegenbock. Das Gemecker kommt von dem steinernen

Löwen auf der linken Seite. Jeder kann Trullipuck sehen. Er hält sich den Bauch vor Lachen, schnippt mit dem Finger und bald sind alle Kaninchen spurlos verschwunden.

„Das war die lustigste Hochzeit, die jemals bei uns gefeiert wurde", stellt Farella fest.

Alle stimmen ihr begeistert zu und sprechen noch lange von dem närrischen Nachmittag im Schlosshof.

Die Autorin

Doris Jannausch wurde in Teplitz-Schönau geboren. Sie studierte an der Aussiger Theaterakademie Schauspiel und Dramaturgie. Erstes Engagement in Wien, danach Berlin. Sie wechselte von der Theaterbühne zum Kabarett, wo sie mit eigenen Texten auftrat. Jetzt lebt sie als freie Schriftstellerin in Baden-Württemberg. Neben zahlreichen Erzählungen, Hörspielen und Romanen gilt ihre Liebe vor allem Kinderbüchern, die in viele Sprachen übersetzt wurden.

Der Illustrator

Christian Kämpf wurde 1943 in Berlin geboren. Der Vater war Professor für Malerei und Grafik und die Mutter Malerin, Bildhauerin, Goldschmiedin. Der Sohn trat in die Fußstapfen der Eltern. Nach einem Volontariat in einem Werbe- und Reproatelier studierte er von 1964 bis 1970 an der Staatlichen Werkkunstschule Kassel Design, Werbung, Illustration und Fotografie. Seit dem Staatsexamen ist er freiberuflich tätig - vor allem als Illustrator. Mittlerweile hat er für zahlreiche Bücher, Zeitschriften, Kalender und Spiele die Illustrationen gemacht, hat Plattenhüllen entworfen und fürs Fernsehen gearbeitet. Christian Kämpf lebt heute in Nürnberg, zusammen mit einer Katze, einem Hund und einer Menge alter Spielsachen, die er auf der ganzen Welt gesammelt hat.

In dieser Reihe sind neu erschienen:

ISBN 3-8112-2156-6

ISBN 3-8112-2155-8

ISBN 3-8112-2130-2

ISBN 3-8112-2131-0

Für Kinder nur das Beste

Je 192 Seiten, durchgehend farbig illustriert, Format 12,8 x 16,4 cm

gondolino